David Rogers Webb

El Gran Saqueo

A mi padre

David Rogers Webb

El Gran Saqueo

© 2023 David Rogers Web

Versión 1.2 (28 de noviembre, 2023).
Ver futuras actualizaciones en:
https://thegreattaking.com/

ISBN: 9798325544859

Fotografía de la cubierta Billy Soden
(https://billy-soden.pixels.com/)

Traducción: Josefina Fraile Martín
josefinafraile@protonmail.com

Índice

	Prólogo	vii
I	Introducción	1
II	Desmaterialización	8
III	Derecho de seguridad	10
IV	Armonización	17
V	Gestión de garantías	28
VI	Puerto seguro: ¿para quién y de qué?	35
VII	Cámaras de compensación	40
VIII	Feriado bancario	48
IX	La gran deflación	66
X	Conclusión	72
	Apéndice	79
	Referencias	149

Lista de Gráficos

I.1	La velocidad anual del dinero desde 1900 al primer trimestre de 2021	6
V.1	Jurisdicciones múltiples, ICSD como proveedor de servicios de gestión del colateral con enlaces a otros depósitos centrales de valores. . .	33
A.1	Respuesta de la Reserva Federal de Nueva York al Cuestionario del Grupo de Seguridad Jurídica de la Comisión Europea.	80

Prólogo

> Las palabras falsas son la peor de todas las plagas.
>
> Esquilo, Prometeo Encadenado

Si lo prefiere, considere este libro una obra de ficción, o los desvaríos de un loco. Quizás esté loco.

Sé que no escucharán lo que intento decirles, aún no. No obstante, a medida que las cosas se desarrollen, este escrito podría aportar alguna explicación a lo que está sucediendo.

En mi mente, mientras escribo esto, guardo una pequeña esperanza de que mis hijos puedan algún día llegar a entenderme un poco y, tal vez, perdonarme por ser quien he sido. Ha sido inevitable para mí ver y conocer cosas desagradables, que ahora están ocurriendo.

Actualmente, como bien sabemos, las familias están divididas. La gente está experimentando una especie de aislamiento, no tanto físico como espiritual y mental. Aquí se ha llegado a través de la magia oscura de las noticias falsas y la narrativa. Esto en sí mismo ha sido un gran crimen contra la humanidad. Los propósitos tácticos son muchos: confundir y dividir, provocar la desconexión, desmoralizar, infundir miedos y generar falsos eventos para alimentar esos miedos, manipular la narrativa histórica, crear un falso sentido de la realidad actual, y, en última instancia, hacer que la gente acepte lo que se ha planeado.

Frente a esta situación, ¿cómo puede uno llegar a saber algo? El conocimiento directo adquirido a través de la propia experiencia y de las experiencias personales de los demás puede servir para detectar estas falsas narrativas. La memoria viva contiene pistas. Lo que se ha hecho antes se puede volver a hacer.

Si la exposición de la historia personal en este Prólogo le resulta tediosa, vaya al meollo de la cuestión en los próximos capítulos. Pero si continúa leyendo descubrirá que soy un ser humano como usted.

Prólogo

Puede que le sirva de algo saber que he trabajado toda una vida para comprender las fuerzas que nos hacen daño.

Para mí, "ser conocido" nunca fue un objetivo calculado o deseable, a menos que haya sido para lograr algún propósito esencial. Y ahora mi propósito es éste: que lo que intento decirles sea escuchado y comprendido. Estamos en peligro. Y por eso me arriesgaré a contarles mi historia personal.

¿Cómo he llegado a saber lo que intento decirles?

Tengo edad suficiente para recordar el asesinato de JFK. Estaba sentado en la pequeña cesta de la parte delantera de un carrito de la compra en el supermercado Fazio's de Lee Road cuando se anunció por el altavoz. Una mujer que estaba cerca rompió a llorar.

A los pocos años del asesinato, estábamos viviendo el colapso industrial de EE.UU. Para un chico de una familia de ingenieros, en el negocio de las grúas y montacargas, en Cleveland, los años que se avecinaban serían muy parecidos a vivir la Gran Depresión. En el verano de 1966, una parte de la ciudad ardió en los disturbios de Hough. Se llamó a la Guardia Nacional, que colocó nidos de ametralladoras en los tejados. Además de los disturbios, el sindicato de camioneros tenía en su punto de mira a la pequeña empresa Webb Equipment; los parabrisas se rompían con bates de béisbol. Debido a la amenaza de cócteles molotov, los archivos se trasladaban fuera de la oficina y los tejados se regaban con mangueras por la noche. Era como vivir en una zona de guerra, e iba a ser mucho peor. Nunca veríamos una "recuperación", sino una destrucción completa de todo lo que habíamos conocido.

Nuestra extensa familia había sido benévola, unida y feliz. En pocos años, la muerte se llevó a toda la generación de mayores y a parte de la siguiente. El patriarca, el abuelo Webb, murió a los 79 años. Al año siguiente, el hermano mayor de mi padre, murió de un infarto a los 51 años. De joven, había sido capitán del equipo de lucha de Case Western Reserve, y era como una especie de dios. Había dejado una exitosa carrera en ALCOA para ayudar a su padre en los negocios, al igual que mi padre. Poco antes de su muerte, le había confiado a su mujer que luchaba por mantener el trabajo de los empleados, pujando por contratos temerarios, al límite del coste. Era un hombre que se preocupaba mucho y que sentía la responsabilidad con intensidad.

Por inverosímil que parezca ahora, Cleveland había sido uno de los centros industriales más vitales del mundo. En el siglo XIX y principios del XX, era como toda la América industrial en una sola ciudad. Recuerdo haber leído que, en una época, el valle de Cuyahoga producía el 2% del producto industrial mundial. Los inicios de las industrias del hierro, el acero, el aluminio, la química, la automoción, la aeronáutica y el petróleo tuvieron lugar en Cleveland. Allí se fundó la Standard Oil. La primera refinería de Rockefeller estuvo allí. John D. está enterrado en el cementerio de Lake View, al igual que mi familia, descendiente, por ambas partes, de los primeros colonos ingleses. Algunos de estos antepasados habían llegado con los primeros asentamientos en Jamestown y Plymouth. William Bradford era un antepasado. Los Webb tenían antepasados comunes con John Adams, Samuel Adams y John Quincy Adams. Teníamos espadas masónicas y pequeñas estatuas de porcelana de Washington y Franklin vestidos con sus galas masónicas. Papá, su hermano, su padre y su abuelo habían sido masones. A pesar de ello, parece que no se enteraron de lo que se avecinaba.

A principios de los años setenta, la empresa familiar, que había llegado a tener ochenta empleados en "el taller", se reducía a uno, Ladislaus Horvath, antes conocido como "Pequeño Laddie", cuyo padre, llamado igual, había trabajado para mi abuelo. Laddie, que había sido mecánico de helicópteros en Vietnam y sabía hacer absolutamente de todo, me contó más tarde que había pensado que se volvería loco, pues no había absolutamente nada que hacer. La actividad empresarial se había reducido a cero.

Prólogo

En circunstancias extremadamente difíciles y cada vez peores, mi padre se había quedado sin el apoyo de su padre y de su hermano fallecidos, pero con toda la responsabilidad de todo, cosa que nunca había querido. El estrés le estaba matando poco a poco. Desarrolló asma crónica, se deprimió, estaba malhumorado, y a menudo se quedaba en cama.

Algún tiempo después de la muerte de mi tío, mi hermano mayor estuvo a punto de perder varios dedos con el cortacésped. Así que mi padre me dio a mí el trabajo. Me sentía orgulloso de que me hubiera confiado una labor tan grande. Tenía nueve años. En los años siguientes, descubrí que algo en mi padre le empujaba a que me pusieran a trabajar en circunstancias cada vez más desagradables e incluso peligrosas. A los doce años, enfermé gravemente después de que me obligaran a trabajar cuando ya estaba enfermo. A los trece, era "el último mono" en la tienda, como me describió uno de los chicos en el funeral de mi padre. Trabajos donde había calor, suciedad y, a veces, bastante peligro. Podía haber perdido los dedos, la vista o algo peor. Sobresalir en la escuela seguía dándose por descontado, pero el trabajo duro marcó el resto de mi infancia.

Recuerdo que me encargaron cribar la tierra de un montón de grava bajo el sol y la humedad del verano. Luego tenía que usar la tierra para rellenar los agujeros donde había arrancado malas hierbas. Estaba trabajando duro cuando papá llegó a casa. Sin decir nada, dio una patada a la carretilla y lanzó las herramientas lo más lejos que pudo. Tenía lágrimas en los ojos. Sabiendo que no había hecho nada malo, no sentí miedo sino algo distinto. Era mi padre quien estaba en apuros. Le "vi". Creo que lo que sentí fue una intensa necesidad de entender qué estaba pasando y por qué.

Y así, aunque papá era duro conmigo, yo era quizás la única persona profundamente interesada en lo que tenía que decir. Lo que más me afectaba era el silencio y la falta de explicaciones. Así que le hacía preguntas. Era un tipo inteligente y había llenado su habitación de montones y montones de libros. Intentaba entender lo que estaba pasando. Y yo también.

En consecuencia, a los doce años me había convertido en un estudioso de la Gran Depresión y de los misterios de la Reserva Federal (la "Fed"). Sabía entonces que el Sistema de la Reserva Federal había sido planeado en secreto en una reunión en la isla de Jekyll, que el oro de propiedad pública había sido confiscado en la Depresión y que Nixon había sacado recientemente al dólar del patrón oro.

Casualmente, a la misma edad que tenía yo, mi padre vivió un momento traumático cuando, en marzo de 1933, cerraron los bancos y confiscaron el oro. Llevaba el nombre de su abuelo materno, quien, en las semanas previas al Pánico de 1907, cuyo ambiente de crisis se utilizó para justificar la creación del Sistema de la Reserva Federal,
había recibido un disparo por la espalda, en el cuello, en plena noche, en la escalera de su casa cerca de Euclid Avenue. El asesinato nunca se resolvió. Aunque se había mencionado en los periódicos de la época, desde Nueva York hasta Alaska, la historia se le había ocultado a mi padre. Papá fue a la biblioteca pública y rebuscó en las microfichas de esos viejos artículos, que copió. Me enseñó una caja de zapatos llena de ellos. Su abuelo era descrito como un "rico operador de carbón". Vi los registros del almacenamiento y venta en 1905, de derechos sobre el carbón, en más de 800 acres en el condado de Mahoning, habiendo conservado los derechos para perforar a través de la veta de carbón en busca de petróleo (que sus descendientes teóricamente todavía tienen).

Papá estaba interesado en lo que había sucedido en la isla Jekyll, tanto que fuimos en coche hasta allí. Tengo la tarjeta postal con una fotografía de los años sesenta de un gran edificio blanco y la inscripción "The Club House", con esta otra explicación en el anverso:

La Casa Club fue el centro de interés del Club de Jekyll Island, Georgia, durante los años 1886-1942. Este era el club más exclusivo de América, conocido como "El Club de los Millonarios". Nombres tan ilustres como Astor, Vanderbuilt, Morgan, Rockefeller, Baker y otros figuraban en la nómina del club.

Prólogo

Paul Warburg, miembro de la más prominente y antigua familia bancaria alemana, había dirigido la reunión en la isla de Jekyll en la que se planeó la creación de la Reserva Federal. Más tarde reconoció abiertamente que se había hecho en secreto. También asistió a esa reunión el "coronel" Edward M. House, que en años posteriores sentó las bases para la creación del Consejo de Relaciones Exteriores. En la tranquila Nochebuena de 1913 se promulgó la Ley de la Reserva Federal. La Gran Guerra se desencadenó apenas siete meses después.

A pesar de los años traumáticos de la infancia, y quizá gracias a ellos, llegué a hacer algunas cosas. La formación en la primera infancia me había salvado de ser aplastado. Esto fue en gran parte gracias a la abuela Rogers, la madre de mi madre. Ella iba a la escuela Montessori. Con tan solo tres años, yo ya afilaba cuchillos y preparaba té. Por la noche, mi abuela se sentaba junto a mi cama para ayudarme a dormir. Hablaba suavemente en la oscuridad, recordándome cosas de su infancia y de la Gran Guerra. Sólo de adulto entendí que fueron advertencias.

Mi abuela había ido con mi abuelo a la Gran Guerra, ella como enfermera y él como cirujano. Aún no se habían casado. Estados Unidos todavía no había entrado en la guerra. Su hospital de campaña en Rouen tenía 3.000 camas, pero las bajas superaban esa cifra cada día. Hasta los cocineros atendían a los heridos. En la oscuridad, junto a mi cama, ella recordaba el ruido de los grandes cañones y de los proyectiles al estallar, que podía oír desde las tiendas del hospital.

Mi abuelo y ella se casaron después de la guerra y fueron de luna de miel a Quebec. Tenían la misma edad, treinta y ocho años. Ella tuvo a su primera hija, mi madre, a los cuarenta y dos. Haber pasado por tanto, casarse y tener hijos debió de parecer un milagro.

El abuelo Rogers se llamaba así por un primo que se había alistado en el ejército para dejar de trabajar en la zapatería de su padre; acabó en Little Big Horn. El abuelo del abuelo, nacido en 1816, también había sido cirujano. De niño, me permitieron manejar el equipo quirúrgico de su abuelo. Es idéntico a uno que hay en el Museo de Gettysburg. El tío abuelo del abuelo está enterrado allí; era oficial de caballería. Sobrevivió a 50 combates, fue capturado cuando su caballo recibió un disparo en la cabeza y más tarde escapó a través de un pantano, perseguido por sabuesos de una prisión confederada donde los hombres morían de hambre y viruela.

Mi abuelo enseñó cirugía después de la guerra hasta su prematura muerte en 1945. Teníamos en casa una silla que alguien le había regalado. Me explicaron que, en la Gran Depresión, hacía cirugías sin cobrar, porque nadie tenía dinero. En el tercer piso de la casa vivía un "holandés" que había perdido su trabajo con el cierre de las fábricas y no tenía adónde ir.

Me caía bien la abuela y visitaba a menudo su habitación. Había nacido en la orilla canadiense del lago en 1883. Me contaba que iba en trineo envuelta en túnicas de búfalo, con ladrillos calentándose en la chimenea bajo los pies. Tenía una foto de la reina Isabel en la pared de su habitación. Con la Unidad de la Ribera, ella y el abuelo habían conocido al rey Jorge y a la reina María en una recepción en el palacio de Buckingham. Lo supe por un periódico que encontré entre sus cosas.

De alguna manera, transmitió a un niño pequeño que la medicina es una profesión, que se distingue de las actividades para fines propios, y que, en el sentido original de la palabra, los negocios no son una profesión. Luché con esto último durante algún tiempo, ya que la familia de mi padre se dedicaba claramente a los negocios. Sin embargo, comprendí que el trabajo de uno debe ser algo más que ganar dinero. Yo era bienvenido a su habitación. Un día, entré mientras ella salía de la bañera. Me fijé en las arrugas. Era imperturbable, completamente natural, con una tranquila dignidad en todo momento. Murió de una serie de derrames cerebrales cuando yo tenía siete años. Yo no entendía la muerte. Medio siglo después, llegué a comprender que había perdido entonces a la mejor amiga que jamás tendría.

Hubiera seguido con gusto la certeza que ella me había dado de que debía ser médico, como mi hermano. Sin embargo, en los años que me

Prólogo

quedaban de juventud, el camino que tenía ante mí no sólo se volvió incierto, sino desconocido. No sabía cómo hacerlo, pero necesitaba comprender y controlar de algún modo lo que estaba destruyendo nuestras vidas. Había aceptado la carga de mi padre.

Vivíamos en East Cleveland, que se desmoronaba por la pérdida de su base industrial. Más o menos cuando murió mi tío, ocurrió que mi hermano mayor y sus amigos, que jugaban al béisbol en Forest Hill Park (una antigua finca de los Rockefeller), fueron rodeados por una gran multitud, que les apaleó y les robó las bicicletas y los guantes de béisbol. Mi padre reaccionó sacándolo de la escuela pública local y enviándolo a un colegio privado. Aunque se planteó la posibilidad de mudarse fuera de East Cleveland, no lo hizo. Así que, como las condiciones empeoraron aún más, acabé yendo al mismo colegio privado unos años más tarde. Pero para entonces los recursos

económicos de la familia se estaban agotando. Cada verano se me hacía saber de forma indirecta que quizás no podría volver a la escuela.

Que me dijeran lo malo no me molestaba tanto como que no me lo dijeran. Necesitaba saberlo. El silencio era terrible. La vida es más difícil si la gente no puede hablar. Las cosas se quedan sin descubrir, o se malinterpretan. Si es posible hablar, los resultados pueden cambiar. El futuro puede mejorar.

El verano anterior a mi último curso fue especialmente incierto; mi madre me dijo que mi padre no solicitaría ayuda económica. No tenía ni idea de si volvería a estudiar. Pero al final del verano volví a los entrenamientos de fútbol, ya que nadie me dijo que no pudiera. Repartía periódicos antes de ir al colegio, trabajaba de ayudante de camarero por las noches y de conserje los fines de semana, conducía un camión de reparto y pintaba casas. Leía libros de negocios y, sin perder ninguna oportunidad, conseguí hacer unas prácticas de investigación de mercado en una empresa de las Fortune 500.

Muchos años después, tras la muerte de mi madre, encontré una copia de la carta que ella había enviado al colegio y que, al parecer, me había asegurado el último curso. Tal vez por vergüenza, nunca me lo habían explicado. Sin mamá, de repente no me habría quedado más remedio que terminar el instituto en East Cleveland, que entonces estaba bastante adelantado a los tiempos; ya tenían policía y detectores de metales en los pasillos.

Cuando le dije a mi padre que me interesaba estudiar empresariales, me dijo que eso no me prepararía para nada y que debería estudiar ingeniería. Sin embargo, había observado que a los ingenieros de nuestra familia no parecía irles muy bien. Así que, en contra del consejo de mi padre, decidí estudiar finanzas e informática en una escuela de negocios pública. En mi mente, estas actividades se dignificaban con la idea de que la empresa es la ciencia de satisfacer las necesidades humanas insatisfechas, y que esto sólo puede hacerse de forma sostenible si se hace de forma rentable. Más tarde me di cuenta de que la única finalidad de los empresarios es ganar dinero. No hay nada que se le acerque, excepto quizá ser importantes y las aventuras sexuales. Yo era un caso atípico. Estaba muy centrado en perseguir cosas que sentía que necesitaba entender. Esto me dio una

ventaja. Llegaba a saber cosas que otros no sabían.

Al proceder de una familia de ingenieros y médicos, no sabía nada del mundo de las "altas finanzas" y no tenía a nadie que me orientara. Me suscribí al Wall Street Journal, que en aquella época era una publicación económica objetiva. A veces me obligaba a hojear una pila de ellos, página por página. Me fijaba en los tradicionales anuncios tipo "esquela" publicados para notificar grandes acuerdos. En cierto modo, eran importantes. La mayoría de las empresas implicadas estaban en Nueva York. Sabía que tenía que ir allí.

Mi mujer, Valerie, y yo nos casamos dos semanas después de mi graduación. A los quince días empecé a trabajar en una empresa de servicios informáticos. Tenía cierta experiencia en programación y, tras un programa de formación adicional de 90 días, opté por ir a su oficina de 44 Wall Street, como representante técnico y no como vendedor. El coste del alquiler mensual y el abono de tren eran tan elevados, y me pagaban tan poco, que no podíamos permitirnos ni un teléfono, ni carne. Pero durante el año siguiente, apoyando a los equipos de ventas, pude entrar en un gran número de entidades de Nueva York que trabajaban con información financiera: bancos de inversión, bancos comerciales, sociedades de corretaje, casas de bonos, sociedades de inversión, agencias de calificación e incluso Depository Trust Corp. Se me permitía estar allí para mostrarles cómo obtener la información que necesitaban en la práctica. Asistía a reuniones todos los días y programaba aplicaciones hasta altas horas de la noche. Con el tiempo me di cuenta del camino que debía tomar.

Al cabo de un año conseguí entrar en un grupo de Fusiones y Adquisiciones, cliente mío. Tras una serie de entrevistas muy estresantes, el jefe del grupo, el perro rabioso Jeff Beck, me dijo: "Si resultas ser un psicópata o un mentiroso patológico, te damos una prima". Jeff sabía de lo que hablaba. Puede que él no fuera lo primero, pero años después demostró haber sido lo segundo con creces. Las mentiras son una trampa, y quizás especialmente para quien las dice. Con el tiempo le destruyó. Una vez me dijo de forma autocrítica: "¡Eres una persona de verdad!".

Los de mi edad eran el hijo de un multimillonario, la hija de una familia increíblemente rica de Hong Kong y el hijo del presidente de una empresa de la lista Fortune 500. A mí se me permitía estar allí por una sola razón: sabía cómo hacer lo que había que hacer. La presión flotaba en el aire. Un vicepresidente senior me había dicho: "Más te vale estar seguro de que quieres hacer esto, porque si la cagas, te vas".

Durante los cinco años siguientes, se hizo habitual trabajar siete días a la semana, y pasar varios días sin dormir. Nació nuestro primer hijo. Entonces vivíamos en Brooklyn Heights, en un apartamento minúsculo, a una parada de metro de la oficina, en el número uno de New York Plaza. Si estaba en casa y tenía que volver a la oficina, al llegar al banco del ascensor se me aceleraba el corazón, porque no sabía cuántos días iba a estar allí sin salir.

Yo lo veía como un crisol. Es a través de las reacciones en condiciones inestables como uno llega a conocerse a sí mismo y a los demás. Había tenido muchas reacciones de ese tipo y podía mantener la concentración bajo mucha presión y durmiendo poco. Un cazatalentos me propuso trabajar para Ivan Boesky, más tarde apodado "Ivan el Terrible". La remuneración inicial habría sido aproximadamente diez veces superior a la que yo cobraba en aquel momento. Me lo planteé, pero en realidad no era por el dinero. Durante esos años, vivía según Nietzche "Lo que no me mata, me hace más fuerte". Ya trabajaba sin descanso para personalidades extremas; ¿por qué no hacerlo? Habría formado parte de un equipo de tres personas sentadas directamente frente a una ventana abierta en el despacho de Boesky, a través de la cual él podía ladrar órdenes, pero que podía cerrar para sus conversaciones privadas y delicadas. Me querían allí para hacer modelos rápidos de desglose y valoraciones de grandes empresas, algo que yo era capaz de hacer de la noche a la mañana. Afortunadamente para mí, ese tema se enfrió de repente. Boesky fue detenido poco después. Y así aprendí un poco sobre el atractivo del dinero, y la precaución en las elecciones y asociaciones de uno.

En ese tiempo nos mudamos a una casa grande y vieja en Chatham, Nueva Jersey, e invitamos a mi madre, y a mi suegra con su hijo menor, a vivir con nosotros. Yo seguía en modo supervivencia y quería cuidar de todos. El trayecto a la ciudad era de hora y media en cada sentido, tres horas al día. Una doceava parte del año la pasaba viajando. Aprovechaba ese tiempo, pero me quedaba poco para estar en casa con la familia.

En 1987, recibí una oferta para incorporarme al grupo de Fusiones y Adquisiciones de L. F. Rothschild. Sin embargo, opté por trasladarme, por la mitad de la remuneración, a una empresa de capital riesgo. Conocía la parte de agencia del negocio de las operaciones, pero necesitaba conocer la parte principal. De algún modo, también intuía que se produciría una quiebra. Un mes más tarde, el Lunes Negro, el capital de L. F. Rothschild se esfumó y la empresa dejó de existir.

Me había incorporado a la que en aquel momento era la mayor empresa de capital riesgo del mundo, que acababa de captar un fondo de 1.300 millones de dólares (eso era mucho dinero). La mayoría de los socios eran abogados y dependían de una empresa de contabilidad para sus análisis financieros. Eso me sorprendió, pues el hacer uno mismo el análisis financiero es fundamental para desarrollar una comprensión.

Prólogo

En pocas semanas vi que había errores importantes en los modelos financieros realizados por los contables.

El primer año, gestioné la adquisición de una empresa de telefonía de larga distancia, elaborando el modelo financiero, diseñando y ejecutando la diligencia debida, negociando la financiación y dirigiendo los equipos jurídicos. Era un proceso complejo, que requería la coordinación de cientos de personas. La responsabilidad de todo ello era aplastante. El socio de la operación, que sufría problemas de estrés, se fue a casa y estuvo en cama seis meses.

A veces era inevitable que trabajara toda la noche, quizá durmiendo brevemente en el suelo. Con más regularidad, tomaba una limusina que me esperaba en nuestra casa de Chatham, para dormir unas horas, y volver a levantarme para tomar el tren de vuelta a la ciudad. Las mañanas de los sábados comenzaban con las negociaciones a las 8 de la mañana, que se prolongaban hasta las 3 de la madrugada del domingo y volvían a empezar a las 8 de la mañana del mismo día. Este ritmo se prolongó durante nueve meses. Inicié una auditoría interna. Tenía un banco lleno de archivadores que se resumían en un solo cuaderno, e hice una selección de puntos para demostrar las capacidades de la empresa a los socios comanditarios. Esta operación iba a producir la mayor plusvalía de la historia de la empresa. Los "libros de operaciones" llenaban una estantería. Firmé todos los documentos. Tenía veintiocho años. Minutos después del cierre, me llamaron a la oficina de la esquina y me dijeron que podía hacer cualquier cosa en la empresa.

Sin embargo, mi familia estaba sufriendo las consecuencias de tantos años de dedicación extrema al trabajo. El paso al sector del capital riesgo no había hecho más que aumentar la intensidad de esa dedicación, ya que no podía eludir la responsabilidad que me rodeaba.

Nuestro segundo hijo nació en los primeros meses de este acuerdo. Tuve que estar al teléfono fuera de la sala de partos durante hora y media, gestionando cosas para poder estar con mi mujer y mi hijo recién nacido durante dos días. Unos meses después de cerrar el trato, mi mujer me dijo que, si hubiera sabido que nuestra vida iba a ser así, no habría firmado. Fue un duro golpe. Yo me creía un héroe para mi familia. Le dije que podíamos ir a cualquier parte y hacer cualquier cosa, y saqué el atlas de carreteras de EE.UU. Lo hojeamos estado por estado, intentando imaginar dónde podríamos ser felices. Al final, dejé la empresa y volvimos a Cleveland en un intento de encontrar un modo de vida más equilibrado.

Nos mudamos a una casa construida en 1920 en Cleveland Heights. Dos de nuestros hijos nacieron en esa casa. Se oían las campanas de la iglesia que yo recordaba de las visitas de mi infancia a casa del abuelo Webb.

La intensidad del trabajo seguía siendo la misma. Con el tiempo, empecé a trabajar con socios en un pequeño negocio de gestión de inversiones. Había llegado a la conclusión de que los mercados públicos ofrecían mayores ineficiencias y mejores oportunidades tanto para comprar como para vender que los mercados privados. Sabía cómo investigar y analizar en profundidad. Necesitaba saber cómo funcionaban los mercados y el sistema financiero en general. Desde el principio, me encargué de todas las operaciones y desarrollé los procesos, las estrategias y los equipos de negociación. Al principio gestionaba sólo renta variable larga, y luego renta variable larga/corta. La empresa pasó de tener activos por valor de 2 millones de dólares a 2.000 millones en nueve años.

Aunque entonces no se comprendía, ni se comprende ahora, el descenso de la velocidad del dinero marcó el inicio de la crisis financiera asiática, que finalmente desembocó en la crisis del rublo y el fracaso de Long Term Capital Management. A través de la gestión directa de todas las operaciones, pude ver que algo significativo había cambiado en el interior del mercado. Para mí estaba claro que no se trataba sólo de una atmósfera de crisis, sino del comienzo de una crisis real. Pocos tenían la misma sensación y eso fue motivo de conflicto dentro de nuestra empresa. En tiempos de turbulencias, lo mejor es vender en los picos y comprar en las caídas. Otros prefieren hacerlo al revés. Por ese entonces nuestro tercer hijo, preescolar, cogió la lista de acciones del periódico y exclamó: "¡Esto dice: oh no!".

Prólogo

El jueves 27 de agosto salí con mis hijos para una escapada de fin de semana largo en canoa por Canadá, siendo éstas nuestras únicas vacaciones del verano de 1998. Llamé a la oficina el jueves por la mañana desde el establecimiento de canoas, entonces no tenía acceso a teléfonos. Mientras estaba fuera, se dieron instrucciones para eliminar toda la posición corta que protegía al fondo de garantía de pérdidas, y se convocó a los empleados para anunciarles que yo dejaría la empresa. Todo ello sin que yo lo supiera, ya que estaba disfrutando de un poco de vida con mi familia.

Al llegar temprano a la oficina, el lunes 31 de agosto, me quedé petrificado al enterarme de lo que había ocurrido mientras yo había estado en el desierto. Para mi mayor asombro, me informaron de que se había producido una "revuelta palaciega", y que a partir de ese momento yo tendría la responsabilidad exclusiva e incuestionable del fondo de garantía. Muy posible debido al nefasto hecho de que todas las garantías habían sido eliminadas, a lo que había que añadir la inminente posibilidad de un desplome total del mercado.

Ese día se producirían las mayores caídas de puntos de la historia en todos los índices bursátiles, con excepción del Dow 30, que sufrió la segunda mayor caída de puntos de la historia. Nuestro fondo de cobertura habría perdido un 10% ese día. Sin embargo, en la apertura, puse en corto todo el valor del fondo. A última hora del día, pude ver ventas de pánico. Estábamos entonces en posición de comprar en medio del pánico. Cubrí toda la posición corta en el mínimo. Gracias a estos movimientos tan estresantes, el fondo se salvó milagrosamente de las pérdidas y terminó el día sin pérdidas. El índice compuesto NASDAQ bajó un 8,6% ese día.

En ese momento, los activos del fondo de garantía eran de aproximadamente 60 millones de dólares. En los tres años siguientes, esta cifra creció hasta superar los 1.300 millones de dólares. A finales de la década de 1990, había entendido que la creación de dinero por parte de los bancos centrales estaba limitando la actividad económica real, y que los movimientos de la Reserva Federal estaban determinando la dirección de los mercados financieros. Esto fue considerado como una teoría de la conspiración en ese momento, incluso por mis socios.

Desarrollé una forma de anticipar los cambios en la dirección de los mercados financieros en función de las variaciones en la tasa de crecimiento de la oferta monetaria, y ello en respuesta al impulso que la Fed de Nueva York estaba dando a las operaciones de mercado abierto.

Cuando apareció la burbuja de las Dotcom, sabía que la velocidad del dinero había comenzado a colapsar; observé una escalada increíble en la creación de dinero que generó poco crecimiento. Estaba convencido de que a lo largo de los años habría una gran depresión, y la única pregunta era si habría o no una guerra global. Esto fue antes del 11-S.

Puse en marcha una forma de usar cientos de posiciones cuidadosamente seleccionadas en el ciclo corto, apodada "la crema de la basura". Con este sistema, ninguna posición podría perjudicarnos y, si lo hiciera bien, funcionaría mucho mejor que un índice. El ciclo largo estaba más concentrado. En total, en cualquier momento, solíamos tener más de 350 posiciones. Trabajar con un número tan grande requirió una mesa de operaciones especialmente diseñada y una técnica de equipo. Nos situábamos regularmente en el otro lado de los flujos comerciales, atrayendo pacientemente a los grandes, por el diferencial de oferta / demanda. Observar y sondear tantas posiciones nos dio una amplia sensibilidad del mercado en tiempo real, o "granularidad". Podríamos mover el tamaño sin mover el mercado, utilizando la liquidez disponible en muchas posiciones. La mesa de operaciones funcionaba como una sala de redacción, viendo todo a medida que se publicaba y realizando investigaciones permanentemente. Si una posición se movía sin noticias, actuábamos con rapidez para averiguar por qué. Era necesario alimentar y desafiar cuidadosa y continuamente un modelo integrado de cómo funcionaba el mundo y de todas nuestras posiciones. Este modelo no existía en papel; estaba en mi cabeza, lo que nos permitía actuar inmediatamente cuando nos enfrentamos a acontecimientos importantes. Pero era absolutamente vital centrarse inmediatamente en cualquier información o desarrollo que no se correspondiera con el modelo mental. Al cribar la nueva información, no me centraba tanto en las cosas que encajaban con mis ideas sino en las que no. Esas eran las que amenazaban mi comprensión.

La mente intuitiva, cuando está adecuada y correctamente informada, puede ser milagrosamente poderosa y saber inmediatamente lo que la mente racional aún no puede ver. Por otro lado, si se le proporciona mala información y si no se explicitan y se cuestionan las suposiciones incorrectas, esto genera un desastre disfuncional. La mente racional puede utilizarse para informar a la mente intuitiva con información comprobada y para probar continuamente lo que la mente intuitiva cree saber. Con la cooperación entre estos aspectos de la mente, uno puede profundizar para examinar los detalles, alejarse para ver las implicaciones más importantes y viceversa.

En última instancia, una debida diligencia en profundidad requiere explicar con detalle los propios supuestos y probarlos rigurosamente. Los documentos de fuentes primarias pueden proporcionar información irrefutable. Se pueden utilizar fuentes sesgadas, pero hay que reconocer el sesgo y tenerlo en cuenta al examinar la información. Una afirmación que sea coherente con el sesgo tiene poca importancia.

Sin embargo, algo patente que va en contra del sesgo probablemente sea un hecho. Para saber realmente algo, hay que acudir directamente a personas con experiencia inmediata de la situación. Realmente no puedes saberlo hablando con alguien que sólo ha leído sobre el tema. Si de repente me daba cuenta de que necesitaba saber algo crítico, a veces iba directamente al aeropuerto con sólo la ropa que llevaba puesta, volaba por todo el país y esperaba a la persona con la que necesitaba hablar, aunque no tuviera ninguna cita programada. En realidad, eso funcionó bastante bien. Es útil escuchar las cosas en directo de las personas cuando están un poco sorprendidas y fuera de guión.

Papá me había dicho que comprender la terminología es la clave para funcionar en cualquier campo. A través de mi trabajo de diligencia debida, descubrí que era posible familiarizarme en un período de tiempo sorprendentemente corto, incluso en cuestiones técnicas con líderes en un campo determinado. Esto se logra haciéndolo. Después de la primera conversación, estaba mejor preparado para la segunda. Con cada conversación, pude centrarme mejor en las preguntas de fondo. En la tercera conversación, la otra persona realmente se interesó en hablar conmigo, porque acababa de hablar con dos personas en su ámbito sobre algunos temas interesantes. Y a partir de ahí todo fue sobre ruedas. Podía hacer esto con médicos, ingenieros químicos e incluso neurocientíficos. A veces me preguntaban si me había formado en su campo.

Recuerdo una pequeña empresa de dispositivos médicos que crecía a un ritmo elevado, en la que yo me había implicado haciendo un trabajo de debida diligencia. Teníamos una posición holgada. Se negoció poco, por lo que seguí la situación con mucha atención. Tenía un modelo detallado de la rampa de ventas mensual generada por la tasa de repetición de pedidos en hospitales individuales. Un día, la empresa informó sobre ventas que no alcanzaron mi proyección. Seguían creciendo a un ritmo elevado, pero al ajustar mi modelo, pude ver que la tasa de repetición de pedidos debía haber disminuido en algún hospital. Nadie más parecía haberse dado cuenta de esto y la empresa no reconocía ningún problema. Empecé a hacer llamadas en frío a los hospitales. Logré comunicarme por teléfono con una enfermera de quirófano que acababa de salir de la cirugía. Ella me contó todo acerca de por qué habían dejado de usar el dispositivo. Entonces supe que las ventas de esta empresa llegarían a cero.

Ahora tenía un gran problema: cómo sacar a todos. No sólo a quienes tenían fondos de garantía en una gran posición, sino también un gran número de cuentas para clientes individuales, que yo todavía manejaba en aquel momento. Para colmo, mis amigos cercanos también participaban en gran medida en las acciones, y también una escuela a la que yo había apoyado. Nos llevó semanas trabajar pacientemente para reducir posiciones y sacar a todos sin pérdidas. Lo manejamos todo desde nuestra mesa de operaciones, incluida la coordinación de ventas para amigos y para la escuela. Me aseguré de que todo estuviera hecho. Entonces la gente de nuestro escritorio podría vender sus acciones. Cuando se hizo eso, la penúltima venta fue para mi madre. Las últimas acciones vendidas fueron las de mi familia inmediata. Me aseguré de que todos en el escritorio vieran cómo lo había manejado. Lo de preocuparse por sus clientes y por todas las personas que usted dice que le importan, es un postureo. Algunas personas actúan con la certeza de que primero deben ayudarse a sí mismas, especialmente en asuntos importantes. Sé que esto se hace, pero es algo que yo no haría. Yo no lo permitiría.

En el transcurso de esta operación, descubrí a ciertos corredores institucionales en un *broker* principal, que se habían puesto de acuerdo para copiar en secreto mis operaciones y las estaban realizando a cuentagotas. Ahora sospecho que, por último, los corredores principales permitían a los operadores adelantarse a mis liquidaciones de fin de mes.

Utilizamos todo el balance. En los días de grandes movimientos en el mercado, negociábamos millones de acciones y podríamos haber ganado o perdido decenas de millones de dólares. Manejar esto requería calma emocional y concentración intensa. Le dije a mi esposa que era como un arte escénico. El ego nubla el juicio, especialmente cuando hay mucho en juego. Hice una práctica de concentrarme fuera de mí mismo y de *hecho* anteponer el deber y la responsabilidad hacia los demás a mis propios intereses. Para mí, mi trabajo no se trataba de ganar dinero. Tenía que tratarse de más que eso, o no podría haber soportado la inmensa carga de todo ello.

Entre mis clientes se encontraban un exsecretario del Tesoro de Estados Unidos, un expresidente del Banco de la Reserva Federal de Nueva York y algunos de los mayores inversores institucionales. Gente de Suiza voló a Cleveland. Intentaban comprender el secreto de cómo hacía lo que hacía. Pero no había ningún algoritmo secreto. Era una forma de pensar. Mi madre me preguntó qué cursos había tomado o qué libros había leído para enseñarme a hacer lo que estaba haciendo. Le respondí: "Mamá, no hay libros que expliquen esto".

Ocuparse en asimilar los pronunciamientos de los medios de comunicación, los funcionarios gubernamentales, los ejecutivos de empresas y otros portavoces similares crea la ilusión de estar informado. Pero como dijo

Samuel Clemens: "No es lo que no sabes lo que te mata; es lo que sabes con certeza que no es así".

A través de una dura experiencia, llegué a saber que, si bien puede ser bastante difícil saber la verdad, es bastante fácil detectar las mentiras.

La gente se comporta de manera decepcionante cuando entran de por medio grandes cantidades de dinero o un ego desenfrenado. Y si ambos vienen juntos los problemas están garantizados. Un día descubrí que había sido objeto de una traición largamente planeada, quedé consternado y decidí empezar de nuevo.

Empezar de nuevo significaba liquidar los fondos de garantía que había estado administrando. Entre el 1 de septiembre de 1998 y el 9 de noviembre de 2002. La liquidación de fondos arrojó un rendimiento total del 258%, libre de comisiones (el rendimiento bruto superó el 320%). En comparación, los índices S&P500 y NASDAQ habían caído durante este período, que abarcó los extremos de la burbuja y la caída de las Dotcom. Fueron muy pocos los fondos a los que les fue tan bien como al mío.

Estos resultados fueron auditados. Además, ahora se trataba de devoluciones en efectivo, por lo que los clientes sabían que eran absoluta y sorprendentemente *reales* —Una cosa es recibir declaraciones; otra muy distinta es haber recibido los fondos. Un cliente me llamó inmediatamente y se ofreció a respaldarme con mil millones de dólares, explicándome que entonces no necesitaría recaudar dinero. Fue un momento extraordinario para mí. Me sentí muy halagado, pero terminé rechazando la oferta cuando me enteré de una carta paralela que habría puesto a otros clientes en desventaja. Mientras se producía la crisis de las Dotcom, me pidieron que me reuniera con George Soros en las oficinas de Soros Management en Nueva York. Llevé a la reunión una sola hoja de papel. Este era un gráfico que mostraba que la tasa de crecimiento del gasto de capital estadounidense había superado cinco desviaciones estándar por encima de la media, y nunca en la historia había superado las tres desviaciones estándar. Le expliqué que esto significaba que inevitablemente habría una crisis histórica.

Soros examinó atentamente el trozo de papel, me miró y dijo: "¡Esto es bueno!". Volvió a estudiarlo, volvió a mirarme y dijo: "¡Esto es muy bueno!". No estuvo en desacuerdo conmigo sobre la quiebra, pero dijo "*Ellos* no pueden permitir que la cultura de la equidad fracase". Dije: "¿Qué pueden hacer que no hayan hecho ya?". Él respondió: "No sabes lo que pueden hacer". Entonces, en ese momento, incluso George Soros se refirió a *ellos*.

Luego sonrió y dijo "¡Gracias!" lo que significa que este fue el final de la reunión. Uno de sus asistentes me siguió fuera de la sala y me dijo:

"¿Cómo hizo eso? ¡Nunca había visto a nadie hacer eso!

Me sentí asombrado y halagado de tener algo que ver con George Soros y de que él me tomara a mí, este chico de Ohio, en serio. Ciertamente él sabía muchas cosas que yo no sabía. Pero por otro lado yo sabía cosas que él no sabía. A principios de 2003, me reuní de nuevo con él en su oficina, le mostré un gráfico de una página sobre el asombroso crecimiento de los valores respaldados por activos y predije que ésta sería la base de la próxima burbuja y crisis. Él dijo: "Estás loco". Pero estaba muy interesado en cómo hacía lo que hacía. Se lo expliqué y dijo: "Tienes ritmo. Otras personas también pueden coger el ritmo".

Empecé de nuevo en enero de 2003 con unos 300 millones de dólares en activos y otros 300 millones de dólares en compromisos, llevándome a veinticuatro empleados, lo que significó que nadie perdió su trabajo debido a mi partida. Durante el pico de la burbuja de las Dotcom, pude "luchar contra la Reserva Federal", porque podía ver la aceleración y desaceleración de sus inyecciones de liquidez, lo que me señalaba que habría otra quiebra aún mayor.

Sentí que tenía la responsabilidad de proteger a las personas, de seguir adelante y de hacerlo de nuevo. Pero esta vez sería diferente. Los siguientes dos años casi me matan.

Los mercados siempre habían funcionado en gran medida como un sistema cerrado (con excepción de las operaciones de mercado abierto de la Reserva Federal de Nueva York, que había aprendido a monitorear y a interpretar). Pude ver flujos de un sector del mercado a otro. Para que algunas áreas de los mercados financieros aumentaran significativamente, se vendieron otros sectores y así proporcionar los fondos. Busqué oportunidades para trabajar en contraposición a estos flujos y rotaciones, comprando lo que otros tenían órdenes de vender y vendiendo lo que otros querían comprar, pero atrayéndolos a través del diferencial oferta/demanda.

En marzo de 2003 comencé a ver un fenómeno que nunca antes había visto. En días específicos, *todo* subió, sin razón vinculada a los flujos de fondos. No hubo rotación. Todos los sectores subieron, al igual que los bonos. Esto no fue impulsado por operaciones de mercado abierto porque el crecimiento de la oferta monetaria estaba cayendo. Algo sin precedentes estaba sucediendo en las entrañas del mercado. La única explicación era que el dinero creado ahora se inyectaba directamente en los mercados financieros. Escribí sobre esto en ese momento. Ni siquiera ahora se entiende que este fue el comienzo real de la "flexibilización cuantitativa" (QE), más de cinco años antes de que fuera anunciada oficialmente durante la crisis financiera mundial. Lo vi como un acto de desesperación y nuevamente sentí mi responsabilidad de proteger a las personas.

El crecimiento de la oferta monetaria estaba cayendo bruscamente. Los préstamos comerciales e industriales estaban cayendo. Sospeché que el crecimiento de los valores respaldados por activos y los derivados era muy poco sólido y que inevitablemente se produciría una caída épica.

A finales de año, a pesar de la fácil disponibilidad de crédito, los signos de tensión económica iban en aumento, pero la gente no lo entendía, con excepción de aquellos que se veían directamente perjudicados. Uno no podría haberlo sabido al escuchar la narrativa de los medios. Y, si se puede hacer que el mercado de valores suba, la gente piensa que las cosas deben ir bien.

El número de personas que se retrasan en el pago de sus facturas de servicios públicos está aumentando. Las ejecuciones hipotecarias como porcentaje del total de préstamos residenciales pendientes estaban subiendo directamente a niveles récord. En la primavera de 2004, me estaba preparando para escribir sobre esto en mi reseña trimestral cuando descubrí que el índice DLQTFORE del sistema Bloomberg había sido modificado para mostrar que las ejecuciones hipotecarias estaban bajando. Le pedí a uno de los chicos en el escritorio que indagara sobre la evolución de la serie de datos. Llamó a la agencia responsable de los datos. Finalmente le dijeron que, si bien las series de datos se habían calculado consistentemente de la misma manera desde la década de 1970, la metodología había cambiado recientemente y que este cambio se había aplicado retroactivamente; en efecto, la metodología ahora se estaba modificando con cada publicación de datos. Eso hacía posible publicar cualquier línea de tendencia deseada.

Después del 11 de septiembre, se corrompieron otras series de datos económicos importantes de manera similar para adaptarlas al guion de fortaleza económica y prosperidad creciente. Se estaba implementando un nivel sin precedentes de desinformación gubernamental deliberada. En tanto que republicano por "Dios y la Patria", que había votado por George Bush, me sentí conmocionado. ¿Por qué nuestro propio gobierno trabajaría para darle al público una comprensión falsa de lo que estaba sucediendo?

Bush pronunció un discurso televisado en un almacén de Texas, de pie frente a lo que parecían ser cajas de envío con el sello "Hecho en Estados Unidos". La imagen era un telón de fondo falso y, por lo tanto, sin querer simbolizaba el fraude épico que se estaba perpetrando en ese momento.
Regularmente llamaba a empresarios con conocimientos sobre la economía real. Algunos tenían negocios industriales. Un abogado de quiebras, que había sido amigo desde que teníamos 12 años estaba gestionando reestructuraciones para uno de los mayores prestamistas del mercado medio. Al ver su base de datos de más de 2.000 empresas del mercado medio, me dijo que lo que tenían en común todas ellas era que estaban cerrando la fabricación en Estados Unidos lo más rápido posible y subcontratando a China. De esta manera se podrían obtener decenas de puntos porcentuales del beneficio bruto. Se trataba de perseguir ganancias a corto plazo; pero luego has perdido tu base industrial y mucho más.

En su testimonio ante el Senado, Alan Greenspan habló del "milagro de la productividad" que supuestamente está impulsado por la inversión en tecnología. En aquellos días, se consideraba implícitamente que "El Maestro" poseía una sabiduría sobrehumana, que él, por supuesto, utilizó con benevolencia en su papel de guardián de la economía estadounidense. Quizás entonces fue lo suficientemente inteligente como para saber que la productividad se calcula simplemente como Ventas/Horas trabajadas. Como presidente de la Reserva Federal y como economista, debió saber que esto se debía a la disminución de las horas trabajadas, a que la gente perdía sus empleos a medida que se cerraba y subcontrataba la industria manufacturera estadounidense, y que el gasto sólo se mantenía mediante la creación masiva de dinero y expansión de la deuda. Se permitió e invitó a la gente a endeudarse más y perder sus medios de vida; ese fue el "milagro".

Prólogo

Mientras se destripaban las bases impositivas de los gobiernos estatales y locales, la política monetaria de la Reserva Federal estaba inflando una enorme burbuja de activos financieros. En reconocimiento de estos dos hechos, ¿qué podría haber defendido El Maestro? Si el objetivo hubiera sido servir los intereses del público, se habría recomendado gravar las ganancias financieras inesperadas impulsadas por la política monetaria y destinar los ingresos a apoyo fiscal a las comunidades, que estaban perdiendo su base imponible. Se hizo lo contrario. Los impuestos sobre dividendos y ganancias de capital se redujeron sustancialmente. Los gobiernos estatales y locales se vieron obligados a aumentar los impuestos y al mismo tiempo recortar los servicios. Esta elCCPión deliberada destruiría ciudades, pueblos, comunidades y a sus habitantes. Esta es la razón por la que las ejecuciones hipotecarias y la morosidad en los servicios públicos iban a alcanzar niveles récord. Y es por eso que se estaba cambiando el cálculo de los datos económicos, incluido el del Índice DLQTFORE.

¿Cuál es el trabajo del presidente de la Reserva Federal? En el caso de El Maestro parece haber sido el de ofuscar lo que realmente estaba sucediendo. ¿Por qué tendría que hacer eso? Respuesta: El presidente de la Reserva Federal no trabaja para el público; trabaja para las personas que poseen y controlan la Reserva Federal. No se permite saber quiénes son estas personas. ¿Por qué querrían las personas que controlan la Reserva Federal ocultar lo que estaba sucediendo?

Y ahí está el quid de la cuestión. Hay algo mucho, pero que mucho más grande detrás. Y de eso trata este libro.

¿Cómo se expandió la deuda mientras las condiciones crediticias se deterioraban? Era necesario crear una ilusión masiva y audaz como la de que no había riesgo, específicamente que no había necesidad de preocuparse por la capacidad de los prestatarios para pagar sus obligaciones financieras. El plan funcionó tan bien que los bancos suspendieron sus funciones de suscripción de riesgos, al tiempo que ofrecían hipotecas por más del precio de compra de una vivienda, de modo que los prestatarios recibían dinero en efectivo al cierre. Incluso se podían conceder préstamos a personas desempleadas y sin ingresos: justo lo que se necesitaba.

Todo el sistema financiero global se movió agresivamente hacia la generación y titulización de préstamos en valores respaldados por activos y a llenar los balances con estos valores. Con la ilusión de un rendimiento libre de riesgo, la demanda de estos títulos respaldados por activos era tan alta que se vendieron muchas veces de forma sintética, es decir, como instrumentos derivados. Había un cómic de Dilbert en el que el malvado Dogbert decía: "'Prospectus es latín. Significa cerrar los ojos y abrir la boca".

Esto se logró con notables sofismas y con obligaciones de incumplimiento crediticio (CDO), "milagros de las finanzas modernas", como los llamó Greenspan. Cuando se le preguntó sobre la exposición al riesgo, dijo:

"Presumiblemente, el riesgo lo asumirán aquellos que estén mejor capacitados para soportarlo". Para sentar las bases al respecto, Robert Rubin y Larry Summers se habían unido a Greenspan, considerado por la revista Time como los "Tres especialistas en marketing" y como "El Comité para salvar el mundo". Habían presidido la derogación de secciones clave de la Ley Glass-Steagall, que había separado la banca comercial y la de inversión desde 1933. En 2002, el valor nocional de los derivados en circulación había alcanzado el doble del tamaño de la economía global; sólo seis años después había alcanzado diez veces el PIB mundial. Alrededor del 10% de esto fueron obligaciones por incumplimiento crediticio; sólo las CDO habían alcanzado el tamaño del PIB mundial.

Inventados en la década de 1990, los valores respaldados por activos se crearon formando un conjunto de obligaciones financieras (por ejemplo, hipotecas, cuentas por cobrar de tarjetas de crédito, préstamos para embarcaciones) y luego dividiéndolo en una serie de tramos con calificaciones de riesgo ascendentes. La idea era que cualquier incumplimiento sería absorbido por los tramos con las calificaciones más bajas. Esto permitiría al tramo más alto recibir la calificación AAA. Pero había un problema. Wall Street tuvo dificultades para vender los tramos de menor calificación, que acarreaban el riesgo de incumplimiento. Por eso la obligación de incumplimiento crediticio adquirió tanta importancia. Fue el eje. Con un swap del riesgo de incumplimiento, todo el conjunto podría recibir una calificación AAA.

En ese momento me pregunté quién, en su sano juicio, estaba dispuesto a asumir ese riesgo de incumplimiento. Con el tiempo, fue posible saber que habían sido los propios bancos más grandes, y que a estos se les había permitido (u ordenado) formar filiales de fondos de cobertura. Al parecer, estas entidades habían asumido con entusiasmo el riesgo de impago, sabiendo que se les permitiría utilizar modelos de valoración a finales de año que mostraran que no había riesgo de impago, basándose en la lógica simplista de que nunca había habido un impago. El socio general de uno de estos fondos se habría embolsado cada año el 20% de los beneficios en papel resultantes. Esto se estaba haciendo a una escala enorme.

Con una posición corta significativa en el mercado en alza, estábamos perdiendo dinero, pero sentí que era mi responsabilidad continuar. Sabía que si pudiéramos estar posicionados cuando la intervención siguiera su curso, estaríamos entre los pocos capaces de sobrevivir a la crisis. Pude ver que este próximo colapso global sería mucho mayor que la quiebra de las Dotcom, y me preocupaba que las insolvencias fueran tan enormes y generalizadas que los principales corredores, los custodios de nuestros fondos de cobertura, quebraran. Si utiliza posiciones cortas, tus activos están pignorados en una cuenta de garantía. No hay forma de cubrirse sin exponerse a la quiebra del broker principal. A menudo me despertaba a mitad de la noche y, sabiendo que no podía volver a dormir, simplemente me levantaba y seguía trabajando. Tenía acidez de estómago crónica, que podría provocar cáncer de esófago, la enfermedad que había matado a mi padre. Al igual que mi tío antes que yo, mi sentido de responsabilidad me estaba aplastando.

Sentado en la mesa de operaciones y viendo todo tal como sucedía, había reunido documentación de las muchas y extrañas desconexiones en las narrativas de los medios en torno al 11 de septiembre, la guerra contra el terrorismo y la "recuperación" económica. Era del tamaño de una guía telefónica. Lo reduje a un paquete más pequeño, que usé para intentar comunicarme con amigos y vecinos. Bien podría haber estado hablando con la pared. Necesitaba entender cómo comunicarme con la gente. Al final, fui de puerta en puerta después de trabajar todo el día en el despacho. La gente de los barrios ricos no quería oír hablar de ello. Probé en un lugar más humilde. Pasé junto a un tipo sentado en los escalones de entrada de una casa. Parecía estar interesado en lo que podría estar haciendo allí (todavía llevaba mi traje). Le di el resumen en miniatura.

Simplemente dijo: "Buena suerte, hombre", con la voz de alguien que ya se ha rendido.

Decidí que no podía continuar después de que George Bush, en lugar de ser repudiado, fuera reelegido. No pensé que eso fuera posible. Mi cambio fue enorme, pero en mi desesperación había votado por John Kerry. Luego trabajé como "Capitán de equipo" para la campaña de Obama. Pero no se produjo ningún cambio a pesar del eslogan "el cambio en el que puedes creer". Su gabinete curiosamente llegó a formarse con la lista de candidatos de Citigroup. Después de eso dejé de votar.

Tras la crisis financiera mundial, finalmente se supo que decenas de trillones de pérdidas en posiciones de derivados estaban alojadas en los bancos más grandes, que luego fueron rescatados con dinero recién creado.

Los principales corredores habrían fracasado, pero para evitarlo se les convirtió en bancos y también recibieron inyecciones directas de dinero creado por parte de la Reserva Federal. Nadie fue procesado. Al contrario, los perpetradores fueron recompensados con enormes bonificaciones. Era casi como si todo hubiera salido según planeado.

Esperaba que se produjeran quiebras generalizadas de entidades financieras y estuve muy atento a los primeros indicios. En 2008, me di cuenta de la quiebra de un pequeño corredor de bolsa en Florida, y me sorprendió saber que los activos de los clientes, que eran propiedad absoluta y no estaban respaldados por préstamos, habían sido transferidos al administrador judicial y gravados en la masa de la quiebra. Tenía que entender cómo era posible que esto hubiera sucedido, y finalmente descubrí que el derecho de propiedad de los valores, que había sido propiedad personal durante cuatro siglos, había sido subvertido de alguna manera. Esto se confirmaría en las quiebras de Lehman Brothers y MF Global.

Tenía en propiedad bonos del gobierno sueco desde 2003, pero estaban en los EE.UU. y, por lo tanto, estaba expuesto a la quiebra del subdepositario estadounidense. Necesitaba encontrar una manera de transferirlos a Suecia con derechos de propiedad. Viajé a Estocolmo en marzo de 2009. Para acceder a una cuenta bancaria tuve que comprar un apartamento. Abrí así una cuenta de valores especial a la que pude transferir mis bonos del gobierno sueco y tenerlos en propiedad, bonos que según la ley no podrían perderse si un custodio fuese declarado insolvente (esto ahora también se ha subvertido).

Los suecos estaban muy interesados en saber por qué había tomado la decisión de mudarme a Suecia. En abril de 2011, me pidieron que hablara en una conferencia de inversión en Estocolmo. El título de mi presentación fue "Colapso del paradigma". Fue la primera vez que hablé públicamente sobre la destrucción de las protecciones de los inversores, incluidos los derechos de propiedad de los valores, y del contexto para entender por qué esto estaba sucediendo.

La primera vez que hablé públicamente en Estados Unidos sobre la subversión de los derechos de propiedad sobre los valores fue en una conferencia de inversión en 2012. Hubo una tremenda respuesta por parte de una audiencia de cientos de personas. Cuando se me acabó el tiempo, hubo gritos de "Que siga hablando". Los organizadores dijeron que esto nunca había sucedido antes. La conferencia de alguna forma tenía tintes políticos. El jefe de investigación de los organizadores me dijo que la CIA ciertamente estaba allí. Al día siguiente apareció un artículo en el Wall Street Journal online refutando lo que había dicho, pero sin mencionarme.

La prima de mi papá estaba casada con un tipo llamado Bob, que había estado en la Oficina de Servicios Estratégicos, precursora de la CIA, durante la Segunda Guerra Mundial. Eran miembros inusualmente cercanos de nuestra familia, vivían al lado del hermano de mi padre en Shaker Heights y pasaban todas las Navidades con nosotros. Mi primo, que jugaba en su casa cuando era niño, me ha contado que encontró fotografías originales de bolígrafos de submarinos alemanes y una espada militar japonesa. Bob estaba en Skull and Bones en Yale. Su compañero de cuarto en Yale había sido William Bundy, quien se convirtió en analista de inteligencia de la CIA y se dice que tuvo mucho que ver en la planificación de la guerra de Vietnam durante las administraciones de John F. Kennedy y Lyndon B. Johnson. El hermano de William, McGeorge Bundy, se desempeñó como asesor de seguridad nacional tanto de Kennedy como de Johnson; estaba en el Consejo de Relaciones Exteriores a la edad de cuarenta años.

Después de que la esposa de Bob, prima de mi padre, muriera joven de cáncer, Bob dejó una exitosa carrera en Cleveland Cliffs y comenzó a viajar sistemáticamente por el mundo. Papá había dicho que Bob pronto habría sido nombrado director ejecutivo. Se mantuvo en contacto con nuestra familia. Estuvo en nuestra casa para una cena familiar en 1976. Explicó que había decidido hacer de Rodesia su base. Le preguntamos por qué y dijo:

"Simplemente me gusta estar allí". Papá, por alguna razón, dijo abiertamente en la mesa: "Bob está en la CIA". A esto le siguió un silencio total durante algún tiempo, hasta que Bob empezó a hablar de nuevo. Rhodesia se convirtió en Zimbabwe tres años después. En ese momento vivían allí miembros de la familia de mi esposa.

Menos de un mes después de hablar en esa conferencia en Estados Unidos, me contactó un hombre que pidió reunirse en Estocolmo. Había sido presidente de un partido político estadounidense y tenía una larga carrera relacionada con el establishment de defensa. Se alojó en un hotel a poca distancia de mi apartamento. Almorzamos. Sugirió una pinta de cerveza. Me pidió que le explicara el tema del que había hablado en la conferencia. Revisé la evidencia y las implicaciones. Lo curioso es que luego no hizo ninguna pregunta sobre el tema. En cambio, me miró fijamente a los ojos y dijo: "¿Sabe tu familia que estás haciendo esto?" No dijo nada más; ese fue el final de la reunión. Pagué la cuenta y me fui. Quizás había sido una "llamada de cortesía". Todos tenemos que morir alguna vez, y ser asesinado debe ser una de las formas más honorables de hacerlo. ¡Uno debe de haber hecho algo bien!

¡Marcó la diferencia! En realidad, no hay forma más elegante de morir. ¡Siempre quise ser como John Lennon!

No he querido escribir este libro, ni tener nada que ver con esto, pero se ha vuelto *inevitable*. Es como exorcizar un demonio que nos ha atormentado a mí y a mi familia. Debe hacerse. Y entonces, acabaré. Estoy autoeditando esto porque no quiero involucrar a mucha gente. Sólo necesito sacarlo. Cabe esperar críticas tanto a mi persona como al libro.

En los últimos tiempos nos hemos visto abrumados por la "información" mediática desagradable y contradictoria. Esto es por diseño. Es una estrategia intencional, muy eficaz para acabar con el pensamiento crítico. Espero no aumentar esta carga. Por eso, el objetivo aquí es ir al grano de forma concisa para no minar la atención del lector. Un objetivo adicional y más importante es proporcionar no sólo información, sino una síntesis de información clave, que permita al lector comprender qué está sucediendo, por qué está sucediendo, por qué está sucediendo ahora y qué gran objetivo se esconde detrás de desarrollos y acontecimientos aparentemente no relacionados.

Es importante señalar que lo aquí expuesto no son conjeturas. Se encuentra en documentos auténticos de fuentes primarias, en los que los propios planificadores exponen sus planes. Deseo reconocer el importante aporte de mi extraordinario amigo, quien encontró documentación clave del Grupo de Seguridad Jurídica en una de sus tantas noches de insomnio.
Agradezco a las personas milagrosas que me han ayudado y mantenido con vida. Quiero agradecer a tanta gente heroica su trabajo para exponer este gran atropello, uno de las cuales dijo: "las guerras no se ganan sin valentía".

Está usted a punto de enfrentarse a un material impactante, deprimente. Y no quiere saber nada al respecto. A mí me ocurre lo mismo.

Charles Dickens hizo que su personaje Scrooge (un banquero de inversiones) dijera, frente a su propia lápida:

¿Son éstas las sombras de las cosas que serán, o son sólo sombras de las cosas que pueden ser?

Los rumbos de los hombres prefiguran ciertos fines, a los cuales, si se persevera en ellos, deben llegar... pero si los rumbos se desvían, los fines cambiarán. Digamos que es así conmigo.

¿Por qué mostrarme esto, si ya no tengo esperanza?

Yo tengo la esperanza de que al hacer explícita esta desagradable situación, y al hacerlo en este momento en que los acontecimientos son cada vez más evidentes, se extienda la conciencia y se evite lo peor. Tal vez este Gran Saqueo se pudiera impedir si cada uno de nosotros pusiera de su parte -incluso los banqueros de inversión - y dijera enérgicamente: no lo permitiremos. Esto es un montaje. No es real.

David Rogers Webb
Estocolmo, Suecia
28 de mayo de 2023

I. Introducción

> La excelencia suprema consiste en romper
> la resistencia del enemigo sin luchar.
>
> Sun Tzu

¿De qué va este libro? Se trata del saqueo de los activos, de *todo* ello, del final de este superciclo de acumulación de deuda globalmente sincrónico. Esto se llevará a cabo mediante un diseño inteligente y planificado desde hace mucho tiempo, cuya audacia y alcance son difíciles de abarcar para la mente. Se incluyen todos los activos financieros, todo el dinero depositado en bancos, todas las acciones y bonos y, por tanto, todas las propiedades subyacentes de todas las corporaciones públicas, incluidos todos los inventarios, plantas y equipos, tierras, depósitos minerales, invenciones y propiedad intelectual. Se apropiarán igualmente los bienes muebles e inmuebles de propiedad privada financiados con cualquier monto de deuda, al igual que los activos de empresas de propiedad privada, que hayan sido financiados con deuda. Si se consigue, aunque sea parcialmente, esta será la mayor conquista y subyugación de la historia mundial.

Ahora vivimos en una guerra híbrida llevada a cabo casi enteramente mediante el engaño y, por lo tanto, diseñada para lograr objetivos bélicos con poco aporte de energía. Es una guerra de conquista dirigida no contra otros estados nacionales sino contra toda la humanidad.

Veremos el control privado y estrechamente mantenido de *todo*. Los bancos centrales, y por ende toda la creación de dinero, han permitido que unas pocas personas controlen todos los partidos políticos, los gobiernos, las agencias de inteligencia y sus innumerables organizaciones fachada, las fuerzas armadas, la policía, las grandes corporaciones y, por supuesto, los medios de comunicación. Los impulsores son un puñado. Sus planes se ejecutan a lo largo de décadas. Su control es opaco. Cuando George Soros me dijo: "No sabes lo que *ellos* pueden hacer", eran estas personas a quienes se refería. Ahora bien, los que están detrás de esta guerra contra la humanidad son sólo un puñado de personas. Quizás nunca se sepa quiénes son. Aquéllos que conocemos porque están en primera línea son contratados para dar la cara, y son prescindibles.

Uno podría consolarse pensando que esto debe ser una locura; que nunca antes había sucedido nada parecido... pero sí, ha sucedido. El precedente de la intención, el diseño y la horrible ejecución de tal plan se puede encontrar revisando el inicio del siglo XX, el período de las grandes guerras y la Gran Depresión. Sin embargo, el proclamado "Gran Reinicio" que ahora está en marcha incluye importantes innovaciones que permitirán la mayor concentración de riqueza y de poder sin precedentes en la historia de la humanidad a través de las desprivatizaciones. ¿Cómo podría suceder eso de "no tendrás nada y serás feliz", tan audazmente proclamado por el Foro Económico Mundial? No, no se trata de la conveniencia personal de alquilar.

Con el colapso de cada burbuja financiera y la consiguiente crisis financiera, se desarrolla una historia que a estas alturas ya debería resultarle familiar. Se nos explica así: todos tenemos la culpa. Simplemente queríamos demasiado y vivíamos por encima de nuestras posibilidades. Ahora, nuestra codicia colectiva ha causado esta terrible crisis global. Las "autoridades", los "reguladores" hicieron todo lo posible para protegernos de nuestros propios "espíritus animales"; sus grandes esfuerzos quedaron patentes a través de décadas de trabajo. Sin embargo, a pesar de sus buenas intenciones, fracasaron y no se les puede culpar (ni procesar) por ello. Después de todo, todos tenemos la culpa. En cualquier caso, miremos hacia adelante. Hay que reactivar el sistema financiero para que podamos volver a ofrecerles crédito, crear empleos y hacer crecer la economía. ¡Hay que hacer todo *lo que sea necesario*!

Esta vez, lo necesario significa todas tus propiedades, o lo que creías que era tuyo. Pero aquí tienes la Moneda Digital del Banco Central

I Introducción

(CBDC) depositada en tu teléfono inteligente, para que puedas comprar leche. ¡lo uno no quita lo otro!

El dinero es un sistema de control extremadamente eficiente. Las personas se reconducen a sí mismas basándose en incentivos monetarios; por lo tanto, no es necesario emplear la fuerza bruta, eso es más difícil, peligroso y consume mucha energía. Pero el sistema de control del dinero colapsa al final de un "superciclo" monetario, con el colapso de la Velocidad del Dinero (Velocity, o VOM). Es un proceso de varias décadas.

La velocidad es la cantidad de veces que se gasta una unidad monetaria para comprar bienes y servicios en un período de tiempo. Se mide comparando el valor de todos los bienes y servicios producidos en un período de tiempo (Producto Interior Bruto, o PIB), equivalente a todo el valor de todo el efectivo y depósitos que se puede utilizar tan fácil como el efectivo (Oferta Monetaria).

$$\text{Velocidad} = \frac{\text{PIB}}{\text{Oferta de dinero}}$$

Así, velocidad × oferta de dinero = PIB. A menor velocidad, menor PIB.

Milton Friedman, economista destacado por el estudio de la historia monetaria. en su libro *Una historia monetaria de los Estados Unidos, 1867-1960* [1], en coautoría con Anna Schwartz, hicieron la siguiente observación:

> [Nosotros] sabemos lo suficiente para demostrar de manera concluyente que la velocidad [del dinero] debe haber disminuido drásticamente desde 1880 hasta la Primera Guerra Mundial...

Lo que realmente estaba ocurriendo desde el inicio del siglo XIX y que condujo a la gran guerra, era el colapso de la velocidad del dinero. En tan solo uno años, los imperios ruso, austrohúngaro y otomano dejaron de existir, al igual que la dinastía Qing. La economía alemana quedó destruida. Luego siguieron la Gran Depresión, la Segunda Guerra Mundial y el lento colapso del Imperio Británico. Ninguna población salió ilesa. No hubo ganadores. ¿O si los hubo?

Si bien hubo privaciones generalizadas, intereses bancarios seleccionados se apropiaron del colateral de los miles de bancos que se vieron obligados a cerrar, al igual que una enorme cantidad de personas y negocios, grandes y pequeños - los endeudados. En Estados Unidos se confiscó el oro en poder del público. Pero lo más importante es que se mantuvo un control privado muy secreto de los bancos centrales y la creación de dinero, al igual que el control antes mencionado sobre las instituciones clave de la sociedad, incluidos los partidos políticos, los gobiernos, las agencias de inteligencia, las fuerzas armadas, la policía, las grandes corporaciones y los medios de comunicación.

Los herederos de esa posición de control saben desde hace muchas décadas que tal colapso en la velocidad de dinero se repetiría. Se han estado preparando todo este tiempo. Para ellos, es absolutamente imperativo mantener el control durante el colapso y el "Gran Reinicio"; de lo contrario corren el riesgo de ser descubiertos, investigados y procesados. No lo están haciendo por nosotros. No existe ningún propósito noble.

Ahora vivimos la repetición de este fenómeno monetario, es decir, una profunda disminución en la velocidad del dinero que alcanzó su punto máximo en 1997. Esto coincidió con el inicio de una importante crisis financiera mundial, conocida como la crisis financiera asiática, y fue seguida unos años después por la burbuja y la quiebra de las Dotcom.

I Introducción

A lo largo de este período, administré fondos de cobertura de acciones a largo y corto plazo, y desarrollé la idea de que la Reserva Federal estaba influyendo en la dirección de los mercados financieros (esto se consideraba una teoría de la conspiración, incluso mis socios). En aquel momento, se hacía a través de Operaciones de Mercado Abierto realizadas por la Fed de Nueva York mediante acuerdos de recompra de títulos del tesoro.

Comencé, sistemáticamente, a seguir la tasa de crecimiento de M3, la medida monetaria más amplia en ese momento (que ya no se publica). Estudié lo que se estaba desarrollando gradualmente y vi que en semanas individuales el nuevo dinero creado representaba más del 1% del PIB anual de Estados Unidos. Fue entonces cuando se me ocurrió por primera vez que la Reserva Federal estaba obteniendo menos beneficios por su dinero, en el sentido de que el PIB no respondía a la creación de dinero. Esto significaba que la velocidad del dinero se estaba invirtiendo y que el crecimiento del dinero era ahora mucho mayor que cualquier crecimiento del PIB. El dinero que se estaba creando no iba a parar a la economía real, pero estaba impulsando una burbuja financiera sin relación con la actividad económica subyacente. Entendí esto, no en retrospectiva, sino casi en tiempo real. Si yo podía saberlo, Alan Greenspan y la gente para la que trabajaba también lo sabían. ¿Entonces por qué lo hicieron? Si algo no tiene sentido, es necesario cambiar la perspectiva y aspirar a una comprensión más amplia. Las crisis no ocurren por accidente; se inducen intencionalmente y se utilizan para consolidar el poder y establecer disposiciones para medidas que se utilizarán más adelante.

Al cuarto trimestre de 1999, cuando la burbuja de las Dotcom estaba llegando a su límite, vi que la oferta monetaria aumentaba a una tasa anual de más del 40%. Entonces comprendí que la Velocidad del Dinero estaba colapsando. Tal colapso ocurre cuando la economía no crece a pesar de tasas muy altas de creación de dinero.

Por favor observe el cuadro extremadamente importante en la FiguraI.1, que fue preparado por Hoisington Management. Por una vez, podemos ver un verdadero determinante subyacente del curso de la historia.

La profunda caída de la velocidad del dinero condujo al pánico de 1907, utilizado para justificar la creación del sistema de la Reserva Federal. La ley de la Reserva Federal fue aprobada por el Congreso en los tranquilos días de navidad, de 1913.

El archiduque Fernando fue asesinado seis meses después.

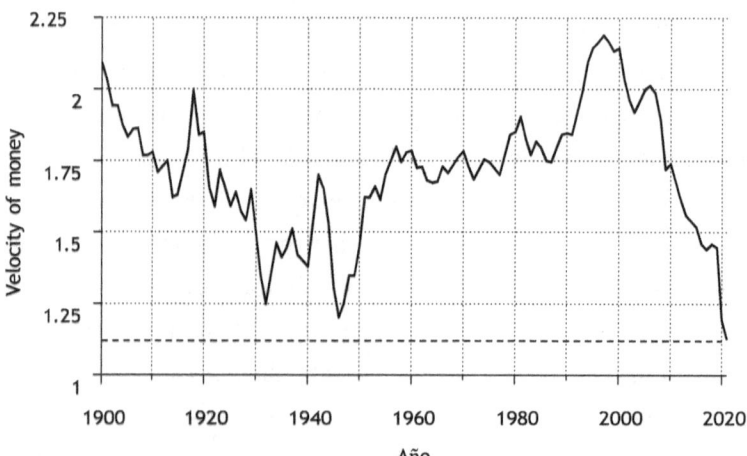

Figura I. 1 Velocidad anual del dinero, desde 1900 hasta el primer trimestre de 2021. Digitalizado a partir de un gráfico publicado por Hoisington Management. Fuentes de datos indicadas en el original: Junta de la Reserva Federal; Oficina de Análisis Económico; Oficina del Censo; El ciclo económico americano, Gordon, Balke y Romer.

Tras una breve recuperación durante la Gran Guerra, la velocidad del dinero se desplomó aún más, lo que llevó al cierre de bancos y a la confiscación de oro en 1933. La velocidad del dinero se recuperó algo en la Segunda Guerra Mundial y luego colapsó a un mínimo en 1946, sin precedentes hasta ahora.

I Introducción

Actualmente la velocidad del dinero se ha contraído a un nivel más bajo que en cualquier otro momento de la Gran Depresión y las guerras mundiales. Una vez agotada la capacidad de producir crecimiento imprimiendo dinero, crear más dinero no ayudará. Está empujando una cuerda. El fenómeno es irreversible. Y así, tal vez el anuncio del "Gran Reinicio" no haya sido motivado por el "Calentamiento Global" o por una profunda comprensión de una "Cuarta Revolución Industrial", sino más bien por un conocimiento cierto del colapso de este fenómeno monetario fundamental, las implicaciones de que van mucho más allá de la economía.

Se ha planeado algo para nosotros, pero no por las razones que le han dado. ¿Cómo podríamos llegar a saber algo sobre las intenciones de los planificadores? ¿Quizás analizando sus preparativos?

II. Desmaterialización

> Toda guerra se basa en el engaño.
>
> Sun Tsu

Actualmente no existen derechos de propiedad de valores registrados en libros contables, en ninguna jurisdicción a nivel mundial. En el gran plan para confiscar todas las garantías, la desmaterialización de los valores fue el paso clave. La planificación y los esfuerzos comenzaron hace más de medio siglo. Que había algún gran propósito estratégico detrás de la desmaterialización se evidencia por el hecho de que se asignó la misión a la CIA.

El líder del proyecto era William (Bill) Dentzer, Jr., un agente de carrera de la CIA [2]. Según lo admitió en sus propias memorias [3], comenzó su carrera trabajando para establecer organizaciones estudiantiles anticomunistas en Europa con el respaldo de la CIA. La CIA intervino en el aplazamiento de su reclutamiento. Luego fue asignado específicamente a la CIA y trabajó allí abiertamente durante cinco años. Posteriormente, fue "transferido" de la CIA al grupo de trabajo que creó la Agencia para el Desarrollo Internacional (AID). Se convirtió en asistente especial del primer director de la AID y, posteriormente, en asistente especial del coordinador estadounidense de la Alianza para el Progreso, que actuaba en América Latina. Luego fue nombrado Secretario Ejecutivo del Comité Clay, que presionó para que el Congreso aprobara asignaciones para la AID. Después de tres años como Director de la AID en Perú, fue nombrado Embajador Adjunto de Estados Unidos ante la Organización de Estados Americanos. William Dentzer Afirma en sus memorias:

> *Dados los acontecimientos ocurridos en Estados Unidos a finales de la década de 1960, incluidos los asesinatos de Martin Luther King Jr. y Robert Kennedy, mis intereses habían comenzado a desplazarse del frente internacional al interno.*

II Desmaterialización

Si bien no tenía experiencia en ningún aspecto de la banca o las finanzas, Nelson Rockefeller lo nombró Superintendente de Bancos del Estado de Nueva York. Esto se produjo después de su nominación al recién formado Consejo de Asesores Económicos del Estado de Nueva York por su presidente, el ex director del Banco Mundial, Eugene Black. Curiosamente, el padre de Black había sido Presidente de la Reserva Federal en 1933. Dos años después de asumir su cargo como Superintendente del Banco del Estado de Nueva York, Dentzer fue nombrado Presidente y Director Ejecutivo de la recién formada Depository Trust Corp (DTC), cargo que ocupó. durante los próximos veintidós años, es decir, durante todo el proceso de desmaterialización.

A finales de los años 1960, se creó el llamado Comité de la Industria Bancaria y de Valores (BASIC) para encontrar una solución a la "crisis del papeleo". Parecía que la carga de manejar certificados de acciones físicos, de repente se había antojado demasiado grande, hasta el punto de que la Bolsa de Valores de Nueva York suspendió sus operaciones algunos días. Luego, los "legisladores" instaron al gobierno a intervenir en el proceso. El informe BASIC recomendó pasar del trámite de certificados físicos de acciones, a transferencias de propiedad "asentadas en cuenta" mediante asientos computarizados en una compañía fiduciaria que mantendría los certificados subyacentes "inmovilizados". Esta empresa fiduciaria desarrollaría los sistemas informáticos y de otro tipo necesarios. Me encontré con ingenieros de redes de DTC hace cuarenta años, en mi primer trabajo después de la escuela.

¿Se fabricó esta "crisis del papeleo" para generar un imperativo a la desmaterialización? Consideremos que la DTC no comenzó a operar hasta 1973 y que durante muchos años no se logró un grado significativo de desmaterialización. Sin embargo, de alguna manera durante este período intermedio, las bolsas de valores continuaron funcionando, a pesar del aumento de los volúmenes comerciales, sin la eliminación de los certificados. Especialmente con la ayuda de la informática, esto se pudo hacer, y se hizo.

Con el tiempo, DTC se convirtió en el modelo para el Depositario Central de Valores (CSD) y la Contraparte Central de Compensación (CCP), cuyos propósitos se explicarán más adelante.

III. Derecho de Seguridad

> Nunca intentes ganar por la fuerza
> lo que puede ganarse con el engaño.
>
> Niccolo Machiavelli

La mayor subyugación de la historia mundial habrá sido posible gracias a la invención de una construcción; un subterfugio; una mentira: el "Derecho a la Seguridad".

Desde sus inicios, hace más de cuatro siglos, los instrumentos financieros negociables fueron reconocidos por la ley en todas partes como propiedad personal (quizás por eso se les llamó "valores"). Puede que le sorprenda saber que ya no es así.

Para transmitirles lo que se ha hecho, permítanme comenzar con una analogía:

Digamos que ha comprado un automóvil al contado. Al no tener ninguna deuda sobre el vehículo, usted cree que ahora es propietario absoluto del mismo. A pesar de eso, un concepto legal recientemente inventado le permite al concesionario de automóviles tratar su automóvil como su activo y usarlo como garantía para pedir dinero prestado para sus propios fines. Ahora el concesionario ha quebrado, y su vehículo junto con todos los demás vehículos vendidos por el concesionario son embargados por ciertos acreedores protegidos del concesionario, sin que sea necesaria orden judicial, pues previamente se estableció la seguridad jurídica de que tienen poder absoluto para llevarse tu coche en caso de quiebra del concesionario.

Ahora, para que quede claro, ¡no me refiero a tu coche! Estoy ilustrando el horror y la simplicidad de la mentira: te hacen creer que posees algo, pero

III Derecho de seguridad   11

alguien más lo controla en secreto como garantía. Y ahora han establecido la seguridad jurídica de que tienen poder absoluto para apropiárselo inmediatamente en caso de insolvencia, y no de su insolvencia como propietario, sino de la insolvencia de las personas que en secreto les entregaron los bienes de usted como avales.

No parece posible. ¡Pero esto es exactamente lo que se ha hecho con todos los instrumentos financieros negociables a nivel mundial! La prueba de ello es absolutamente irrefutable, y está programado para aplicarse ahora.

Esencialmente, todos los valores "propiedad" del público en cuentas de custodia, planes de pensiones y fondos de inversión están ahora gravados como garantía que respalda el complejo de derivados, que es tan grande -un orden de magnitud mayor que toda la economía mundial- que no hay nada suficiente en el mundo para respaldarlo. La ilusión del respaldo colateral se ve facilitada por una cadena de hipotecas y rehipotecas en la que la misma garantía subyacente del cliente es reutilizada muchas veces por una serie de acreedores protegidos. Y son estos acreedores, que entienden este sistema, los que han exigido aún más acceso a los activos de los clientes como garantía.

Ahora se prevé que en la implosión de "la burbuja de todo", las garantías se vean arrastradas a gran escala. Los circuitos para hacer esto están instalados. Se ha establecido la seguridad jurídica de que la garantía puede ser tomada de inmediato y sin orden judicial, por entidades descritas en documentos judiciales como "la clase protegida". Incluso los inversores profesionales sofisticados, a quienes se les aseguró que sus valores estaban "segregados", no estarán protegidos.

Durante décadas se llevó a cabo una enorme cantidad de planificación e implementación sofisticadas con el propósito de subvertir los derechos de propiedad precisamente de esta manera. Comenzó en los Estados Unidos modificando el Código Uniforme de Comercio (UCC) en los 50 estados. Si bien esto requirió muchos años de esfuerzo, pudo hacerse silenciosamente, sin una ley del Congreso.

Estos son los hechos clave:

- La propiedad de los valores en tanto que propiedad ha sido sustituida por un nuevo concepto jurídico de "derecho sobre valores", que es un derecho contractual que garantiza una posición muy débil si el proveedor de la cuenta resultara insolvente.
- *Todos* Los valores se mantienen de forma agrupada y no segregada. Los valores utilizados como garantía y aquellos cuyo uso está restringido se mantienen en el mismo lote.
- *Todos* Los titulares de cuentas, incluidos aquellos que han prohibido el uso de sus valores como garantía, deben, por ley, recibir sólo una parte prorrateada de los activos residuales.
- "Está absolutamente prohibida la reivindicación, es decir, la recuperación de los propios valores en caso de insolvencia.
- Los proveedores de cuentas pueden pedir valores mancomunados prestados legalmente para garantizar operaciones y financiación por cuenta propia.
- "Puerto Seguro" garantiza a los acreedores protegidos prioridad sobre los valores mancomunados frente a los titulares de cuentas.
- Los tribunales han confirmado el derecho de prioridad absoluta de los acreedores protegidos sobre los valores mancomunados de los clientes.

Los proveedores de cuentas están legalmente facultados para "tomar prestados" valores mancomunados, sin restricciones. Esto se llama "autoayuda". Como veremos, el objetivo es utilizar todos los valores como garantía.

Le aseguro que esto no es una conjetura. Sería un gran error descartar esto como una "teoría de la conspiración", que es una reacción común ante tantas cosas desagradables. Es posible saber realmente sobre esto. La documentación es absolutamente irrefutable.

En abril de 2004, el Director General de Servicios y Mercados Interiores de la Comisión Europea propuso [4]

la creación de un grupo [sic] de expertos jurídicos, como ejercicio específico destinado a abordar los problemas de inseguridad jurídica identificados en el contexto de la consideración del camino a seguir para la compensación y liquidación en la Unión Europea.

III Derecho de seguridad

Esto se convirtió en el Grupo de Seguridad Jurídica.

La inseguridad jurídica suena mal, y la seguridad jurídica suena bien. Sin embargo, el objetivo no era otro que garantizar jurídicamente que los acreedores protegidos pudieran hacerse inmediatamente con los activos de los clientes en caso de quiebra de un depositario.

En marzo de 2006, el Asesor General Adjunto del Banco de la Reserva Federal de Nueva York respondió con todo detalle a un cuestionario preparado por The Legal Surety Group (Grupo de Seguridad Jurídica) de la UE, que esperaba que la Reserva Federal les dijera exactamente cómo hacerlo.5]. Lo siguiente son extractos de esa respuesta, que también se incluye íntegramente en el apéndice de este libro:

> *P (U.E.): ¿A qué ordenamiento jurídico se refieren las siguientes respuestas dadas?*
>
> *R (Fed de Nueva York): Las respuestas se limita al derecho comercial estadounidense, principalmente el artículo 8 . . . y partes del Artículo 9, del Código Uniforme de Comercio ("UCC"). . . El objeto del artículo 8 es "Valores de inversión" y el del artículo 9 es "Operaciones garantizadas". Los artículos 8 y 9 han sido adoptados en todo Estados Unidos.*
>
> *P (UE): Cuando los valores se mantienen en forma mancomunada (por ejemplo, una bolsa colectiva, posición de valores, en lugar de posiciones individuales segregadas por persona), ¿tiene el inversor derechos vinculados a valores concretos del conjunto?*
>
> *R (Fed de Nueva York): No. El titular del derecho sobre los valores . . . tiene una participación proporcional en los intereses sobre el activo financiero que posee su intermediario de valores . . . Esto es cierto incluso si las posiciones de los inversores están "segregadas".*
>
> *P (UE):¿Está el inversor protegido contra la insolvencia de una intermediario y, en caso afirmativo, ¿cómo?*
>
> *R (Fed de Nueva York):..un inversor siempre es vulnerable a un valor intermediario que no tiene por sí mismo intereses en un activo financiero suficientes para cubrir todos los derechos sobre valores que ha creado sobre ese activo financiero...*
>
> *Si el acreedor garantizado tiene "control" sobre el activo financiero, tendrá prioridad sobre los titulares del derecho.*
>
> *Si el intermediario de valores es una sociedad de*

compensación, los créditos de sus acreedores tienen prioridad sobre los créditos de los titulares de derechos.

P (UE):¿Qué normas protegen a un cesionario que actúa de buena fe?

R (Fed de Nueva York): El artículo 8 protege al comprador de un activo financiero contra reclamaciones de un titular de derechos sobre un derecho de propiedad de ese activo financiero, al limitar la capacidad del titular de derechos para hacer cumplir esa reclamación. Esencialmente, a menos que el comprador haya estado involucrado en las malas prácticas del intermediario de valores, el titular del derecho no podrá presentar una reclamación contra él.

P (UE): ¿Cómo se solucionan los déficits [es decir, la posición del intermediario con respecto a un intermediario de nivel superior es menor que la posición agregada registrada de los titulares de cuentas del intermediario] en la práctica?

R (Fed de Nueva York): La única norma en estos casos es que los titulares de los derechos sobre los valores simplemente participen a prorrata en los intereses que posea el intermediario de valores . . . En realidad, los déficits se producen frecuentemente debido a fallos y por otras razones, pero no tienen consecuencias generales excepto en el caso de insolvencia del intermediario de valores.

P (UE): ¿El tratamiento de las deficiencias difiere según ¿Si hay (i) ausencia de culpa por parte del intermediario, (ii) culpa, fraude o (iii) culpa, negligencia o incumplimiento similar del deber?

R (Fed de Nueva York): En términos del interés que los titulares de derechos tener en los activos financieros acreditados en su cuenta de valores: independientemente de la culpa, fraude negligencia del intermediario de valores, según el artículo 8, el titular del derecho sólo tiene una participación prorrateada en el interés del intermediario de valores en el activo financiero en cuestión.

Así es como funciona, directamente de "la boca del caballo", es decir, de la fuente más autorizada posible: los abogados que trabajan para la Reserva Federal.

Se puede encontrar más información sobre el propósito de la invención del derecho sobre valores en un documento de debate sobre la "legislación relativa a la seguridad jurídica de las tenencias y enajenaciones de valores", preparado por la Dirección General de Mercado Interior y Servicios de la Comisión Europea en 2012 [6]:

> *En lo que respecta a los valores, la norma siempre ha sido que un custodio debe tener suficientes valores para hacer frente a todas las reclamaciones de sus clientes. En la mayoría de las jurisdicciones de la UE, este estándar está garantizado otorgando a los inversores derechos de propiedad sobre los valores.*
>
> *Sin embargo, algunos mercados tratan los valores como dinero. Estados Unidos y Canadá basaron su legislación en el concepto de que los inversores no poseen "valores", sino "derechos sobre valores" frente a sus proveedores de cuentas.*
>
> *La ventaja de este concepto es el posible aumento de la cantidad de activos disponibles como garantía, pero los críticos lo ven como una amenaza a la estabilidad del sistema, porque los activos en cuestión se basan en el mismo recurso subyacente.*
>
> *Los participantes del mercado, los reguladores, los bancos centrales y las instituciones internacionales han expresado preocupación por una posible escasez de garantías... Se está ejerciendo presión para ampliar la gama de valores elegibles como garantía.*
>
> *Como resultado de la demanda de garantías, los participantes del mercado consideran cada vez más los valores como una herramienta de financiación. Estas tendencias refuerzan las tendencias del mercado de tratar los valores como dinero... con importantes implicaciones para la propiedad.*

El riesgo de uso no autorizado de los activos de los clientes aumenta con el empleo de estructuras de cuentas generales. Las cuentas ómnibus agrupan activos para que los valores individuales no puedan identificarse con inversores específicos.

Esto funciona bien hasta que se produce una quiebra. Si el proveedor de la cuenta incumple, un cliente con un mero derecho contractual se convierte en un acreedor simple, es decir, los activos del cliente, por regla general, están vinculados a la masa de la insolvencia y está obligado a alinearse con todos los demás acreedores simples para recibir sus activos.

La [R] e-utilización de garantías reales conlleva un mayor riesgo para el sistema financiero, ya que varias contrapartes pueden competir por la misma garantía en caso de impago (los denominados "concursos de prelación").

Es obvio que la Dirección General de Mercado Interior y Servicios de la Unión Europea conocía plenamente lo anterior en 2012.

En el próximo pánico financiero global, ¿cuáles son las posibilidades de que quede mucho de algo en estos conjuntos de valores después de que los acreedores protegidos se hayan ayudado a sí mismos?

Habrá un juego de sillas musicales. Cuando la música pare, no tendrás asiento. Está diseñado para funcionar de esa manera.

Es hora de preguntarse: *cui bono*? ¿Quién se beneficia? Ciertamente no son los ciudadanos, que han perdido sus derechos de propiedad, los que han sido traicionados en este engaño por sus propios gobiernos.

La razón dada para esta legislación sobre seguridad jurídica es la "demanda de garantías" por parte de los "participantes del mercado". No se refieren a usted y a mí, el público. "Participantes del mercado" es un eufemismo para referirse a los poderosos acreedores que controlan a los gobiernos. Han trabajado durante muchos años para establecer su seguridad jurídica en todo el mundo.

IV. Armonización

> Quienes son expertos en hacer que el enemigo se mueva lo hacen creando una situación a la que debe adaptarse; lo atraen con algo que seguramente aceptará, y con señuelos de ganancias ostensibles, lo esperan con fuerza.
>
> Sun Tsu

¿Cuál fue el objeto de una financiarización aparentemente fuera de control? La amenaza de un colapso financiero y la promesa de ganancias financieras continuas se han utilizado para pastorear a las naciones.

Se ha creado el imperativo de que a ciertos acreedores protegidos se les deben otorgar derechos jurídicamente seguros sobre los activos de los clientes, a nivel global, sin excepción, con la mayor seguridad de una movilidad transfronteriza casi instantánea del control legal de dicha garantía. El impulso global para la conformidad con el modelo estadounidense a fin de lograr dicha seguridad jurídica y movilidad comenzó en serio hace más de veinte años, tras la crisis de las Dotcom. Se utilizaron como justificación la inestabilidad financiera y la amenaza de "escasez de garantías". Durante muchos años y de forma deliberada se mantuvo la presión a nivel mundial. A la gente se le pagó para hacer esto, para traicionar los intereses vitales de su propio pueblo. Se hizo primero en Estados Unidos y luego se exigió globalmente en aras de la "armonización"; quizás el énfasis debería estar en el "daño".

El "Convenio de La Haya sobre la ley aplicable a ciertos derechos sobre valores en poder de un intermediario" [7] fue redactado en 2002 y firmado en 2006. Es un tratado multilateral internacional destinado a eliminar, globalmente, las incertidumbres jurídicas para las transacciones transfronterizas de valores.

El Convenio introdujo una norma de conflicto de leyes de nueva invención que debía aplicarse a las operaciones de garantía, especialmente a las operaciones colaterales, a saber, el "Enfoque del lugar del intermediario relevante" (o PRIMA). Esto fue diseñado para evitar una legislación nacional problemática, que podría permitir a los propietarios recuperar sus activos tomados por un acreedor como garantía, estableciendo el lugar de ley en los acuerdos de cuenta con intermediarios.

Una de las personas más involucradas fue James S. Rogers (quizás un primo lejano mío), quien, según su propia biografía [8],

fue uno de los delegados de los Estados Unidos en el proyecto de la Conferencia de La Haya sobre Derecho Internacional Privado para negociar y redactar un Convenio relativo a la elección de la ley aplicable a la tenencia de valores a través de intermediarios de valores, y en calidad de miembro del Grupo de Redacción de ese Convenio.

Curiosamente, Rogers también señala que

Fue ponente principal del Comité de Redacción para Revisar el Artículo 8 del UCC, que estableció un nuevo marco legal para el sistema moderno de tenencias electrónicas de valores anotados en cuenta a través de depositarios centrales y otros intermediarios.

Muy pocas personas participaron en la redacción de las revisiones de 1994 de los artículos 8 y 9 de la UCC. Un informe del Comité de Ley de Mercados Financieros (una "organización benéfica" afiliada al Banco de Inglaterra) contiene esta esclarecedora cita [9]:

El profesor Rogers, ponente del Comité de Redacción de la revisión del Artículo 8 de 1994, recuerda cómo "al comienzo de la revisión del Artículo 8 uno probablemente podría haber contado con una mano, y le sobrarían dedos, el número de personas entre las designadas a el Comité de Redacción del Artículo 8", o entre todos los miembros de las organizaciones

IV Armonización

> *patrocinadoras, sobre quien reposaba en última instancia la aprobación del trabajo del Comité de Redacción, que estuviera familiarizado con el antiguo artículo 8 [versión de 1978] o con el moderno sistema de tenencia de valores".*

Si el profesor Rogers era un dedo, el profesor Egon Guttman era el otro. Como autor de Modern Securities Transfers [10] era el mayor experto en transferencias de valores y operaciones garantizadas en virtud de los artículos 8 y 9 del UCC. El profesor Guttman falleció en 2021, y las descripciones de sus actividades están desapareciendo. Pero he guardado referencias a su obra que se remontan a 2012:[1]

> *El Profesor Guttman ha participado en las revisiones de varios artículos del Código Uniforme de Comercio y en tanto que miembro de los grupos de trabajo del Departamento de Estado de EE. UU., participó en la redacción de convenciones relacionadas con transacciones comerciales internacionales.*

Y así, la armonización de este régimen que otorga control global a un grupo selecto de acreedores protegidos fue impulsada desde el nivel más alto del gobierno estadounidense. El Departamento de Estado fue el primer brazo administrativo del poder ejecutivo de los EE. UU., y Thomas Jefferson se convirtió en el primer Secretario de Estado en 1789. Es el poder ejecutivo más importante a nivel mundial.

Tras años de esfuerzos, el Convenio de La Haya sobre Valores fue firmado únicamente por Estados Unidos, Suiza y Mauricio. La UE no firmó el Convenio debido a la identificación de una ley europea problemática, que garantizaba derechos de propiedad a los propietarios de valores en algunas jurisdicciones. Europa tiene el antiguo principio jurídico de *lex rei sitae* (la ley donde se ubica la propiedad), y no podía aceptar fácilmente la solución alternativa del "Lugar del Enfoque Intermediario Relevante" (o PRIMA), inventado en el Convenio de La Haya sobre Valores.

---

1) Esta cita fue tomada de la página del perfil docente del profesor Guttman en la American University en ese momento. La página aún existe, pero su contenido ha sido eliminado desde entonces.

Sin embargo, el objetivo manifiesto de proporcionar seguridad jurídica a los acreedores no estaba en duda y fue claramente aceptado por las autoridades de la UE, como lo demuestra la Directiva 2002/47/CE del Parlamento Europeo y del Consejo, de 6 de junio de 2002, sobre acuerdos de garantía financiera [11]. Este documento, que se publicó aproximadamente al mismo tiempo que la redacción del Convenio de La Haya sobre Valores, contiene las siguientes declaraciones:

> *Para mejorar la seguridad jurídica de los acuerdos de garantía financiera, los Estados miembros deben velar por que determinadas disposiciones del Derecho de insolvencia no se apliquen a dichos acuerdos, en particular aquellas que inhibirían la realización efectiva de la garantía financiera...*
>
> *El principio de la Directiva 98/26/CE, según el cual la ley aplicable a las anotaciones en cuenta aportadas como garantía es la ley de la jurisdicción en la que está ubicado el registro, la cuenta o el sistema de depósito centralizado, debe ampliarse para crear seguridad jurídica en relación con el uso de dichos valores en un contexto transfronterizo y utilizados como garantía financiera en el ámbito de aplicación de la presente Directiva.*

El objetivo de seguridad jurídica para los acreedores debía perseguirse por otros medios. Cuando no pudieron cambiar fácilmente la problemática ley local en la que los inversores tenían derechos de propiedad sobre los valores, le buscaron las vueltas. Esto es para lo que se les paga a abogados, banqueros de inversión y, aparentemente, funcionarios gubernamentales.

Euroclear es uno de los dos depositarios centrales de valores internacionales (ICSD) europeos, siendo el otro Clearstream. La oficina de Bruselas de Morgan Guaranty Trust Company de Nueva York (Morgan Guaranty) fundó el Sistema Euroclear en diciembre de 1968. Morgan Guaranty comenzó a operar como JP Morgan en 1988.

En 2004, el Consejero General Adjunto de Euroclear, Diego Devos, envió un memorando con "Información preparatoria sobre la Armonización Jurídica Europea" a la "DG Mercado Interior" [12]. Estos son algunos extractos:

IV Armonización

> *Esta nota describe las recomendaciones de Euroclear con respecto a las barreras legales que deberían ser abordadas como puntos prioritarios por el Grupo de Trabajo Jurídico que la Comisión pretende crear como seguimiento de su Comunicación sobre Compensación y Liquidación en la Unión Europea de 28 de abril. 2004. En particular, identificamos problemas que complican e impiden la implementación completa de las principales iniciativas que el mercado está llevando a cabo en materia de consolidación y armonización de plataformas. . . .*
>
> *Recomendado ... Eliminación o modificación de requisitos que no reconocen la estructura de participación multicapa que es la norma en la actividad transfronteriza, incluyendo:*
>
> - *reconocimiento en la UE de la tenencia mancomunada de activos registrados a través de una estructura nominativa (y la diferente naturaleza de propiedad legal y real) para mantener los valores registrados sobre una base fungible a nivel local y protección de los derechos del nominado;*
>
> - *eliminación o modificación de requisitos que directa o efectivamente requieran el mantenimiento de registros o cuentas individuales por beneficiario efectivo. . .*
>
> - *Recomendado . . . Eliminar los impedimentos al libre uso de garantías transfronterizas. . .*

Diego Devos pasó a ser nombrado Consejero General del Banco de Pagos Internacionales (BPI) en 2009.

Como se ha señalado en el capítulo anterior, en abril de 2004, el Director General de Mercados y Servicios Internos de la Comisión Europea, propuso la creación de un "grupo de expertos jurídicos, como ejercicio específico destinado a abordar los problemas de inseguridad jurídica identificados en el contexto de la consideración del camino a seguir para la compensación y liquidación en la Unión Europea."

Fueron necesarios diez años de connivencia, pero en 2014 se aseguró el camino a seguir con el Reglamento sobre el Depositario Central de Valores (CSDR).

En enero de 2014, concerté una conferencia en Zurich sobre fondos de cobertura para advertir a los "profesionales" sobre el debilitamiento de los derechos de propiedad de los valores y sus implicaciones. Pensé que tal vez se podría cambiar la situación en Europa. Lo crea o no, este fue en gran parte mi propósito al mudarme a Europa. Antes de la conferencia, envié correos electrónicos personales con el resumen de mis puntos a todos los asistentes. Mientras hablaba, podía ver a través de la luz de la pantalla de proyección, que la gente en la sala tenía los ojos como platos. Cuando terminé, se hizo un silencio total. En la pausa para el café que siguió, pregunté a la gente qué habían pensado sobre lo que había dicho. Les pregunté si entendían lo que les estaba explicando. Una persona simplemente respondió: "Oh, sí". Le pregunté qué haría al respecto. Simplemente dijo: "Nada". Le pregunté por qué no haría nada. Su respuesta fue: "A mis clientes no les importa esto". Le dije: "No les importa porque no lo saben".

Seis meses después, la Directiva de la UE n.º 909/2014 implementó el Reglamento sobre el depósito central de valores (CSDR).13].

Un Depósito Central de Valores (CSD) opera un sistema de anotaciones en cuenta para la liquidación electrónica de operaciones y mantiene un registro de "propiedad". Un Depósito Central Internacional de Valores (ICSD) está vinculado a los CSD nacionales y se encarga del préstamo de valores y la gestión de garantías. Como señaló la Autoridad Europea de Valores y Mercados [14]:

El CSDR desempeña un papel fundamental en los esfuerzos de armonización post- comercio en Europa, ya que mejora las condiciones legales y operativas para la liquidación transfronteriza en la UE.

Y es así como se ha logrado el deseado objetivo de movilidad transfronteriza de garantías. ¿Cómo se diseñó eso?

El CSDR proporciona enlaces entre CSD. Los CSD nacionales, que ostentan el registro de propiedad, están vinculados a los Depósitos Centrales de Valores Internacionales; de este modo se permite la transferencia del título legal de la garantía del cliente desde el CSD nacional al ICSD y el uso de la garantía del cliente. El cliente tiene "propiedad" en el sistema de anotaciones en cuenta del CSD nacional, mientras que la garantía se mantiene en forma mancomunada a nivel del ICSD. Esto permite los "servicios transfronterizos", es decir, el uso de garantías del cliente. Este es esencialmente el modelo estadounidense, en el que todos los custodios tienen cuentas en DTC, que mantiene todos los valores en forma conjunta. El DTC funciona como un ICSD.

Veremos mejor cómo ha funcionado, analizando específicamente Euroclear y los acontecimientos en Finlandia y Suecia.

Finlandia y Suecia tenían sistemas legales y registros nacionales de propiedad de valores, que aseguraban a los propietarios que sus valores no podían utilizarse como garantía sin un acuerdo expreso. Era posible poseer y mantener bonos del Estado sueco con absoluta certeza de que no se perderían en caso de insolvencia de un custodio. En 2006, el grupo de Seguridad Jurídica identificó que Suecia y Finlandia tenían leyes problemáticas.

En 2008, a Euroclear se le permitió adquirir el cien por cien del Nordic Central Security Depository (NCSD), propietario de los depósitos centrales de valores de Finlandia y Suecia, Suomen Arvopaperikeskus Oy (APK) y VPC AB (VPC), respectivamente. Ahora se trata de CSD locales vinculados a Euroclear Bank SA/NV, que opera como un ICSD según la legislación belga.

El CSDR requiere que un proveedor de cuentas revele públicamente los niveles de protección y los costos asociados con los diferentes niveles de segregación de cuentas de valores en los depositarios centrales de valores. Skandinaviska Enskilda Banken AB (SEB) hace dicha divulgación con respecto a los depositarios centrales de valores en Suecia, Dinamarca, Finlandia, Noruega, Euroclear Bank SA/NV y Clearstream Banking SA [15]. Aquí están los impactantes pasajes clave de esa revelación:

En el improbable caso de un déficit de valores, el cliente en cuestión no podrá reclamar un derecho de separación, pero probablemente será considerado un acreedor quirografario sin prioridad sobre los activos de la masa de la quiebra.

En el caso de los valores mantenidos en Euroclear Bank SA/NV, la ley belga (el Real Decreto nº 62) aplica disposiciones siguiendo el principio [sic] de que todos los valores depositados por los participantes de Euroclear Bank SA/NV (es decir, SEB) en Euroclear Bank SA/NV se depositan sobre una base fungible. En virtud del Real Decreto, a los participantes de Euroclear Bank SA/NV se les ha otorgado por ley un derecho de copropiedad de naturaleza intangible sobre un conjunto de valores anotados en cuenta de la misma categoría en poder de Euroclear Bank SA/NV en nombre de todos Participantes de Euroclear Bank SA/NV que hayan depositado valores de la misma categoría.

Dicho Decreto establece una disposición relativa a compartir pérdidas para los clientes subyacentes de un participante de Euroclear Bank SA/NV en caso de que dicho participante de Euroclear Bank SA/NV entre en incumplimiento. Además, la legislación belga otorga al Banco Nacional de Bélgica privilegios sobre los valores propios de Euroclear Bank SA/NV para cubrir, por ejemplo, una situación en la que los valores mantenidos por Euroclear Bank SA/NV con cualquier depositario en nombre de sus participantes no sean suficientes para cubrir las tenencias reales de dichos valores por parte de los participantes.

Así, durante un período de seis años, los derechos de propiedad sobre valores en Suecia y Finlandia fueron subvertidos deliberadamente. Estos países pasaron de tener los derechos de propiedad más fuertes sobre los valores, a no tener derechos de propiedad sobre los valores más allá de una apariencia artificial de presunta propiedad.

En 2014, coincidiendo con la directiva de la UE sobre depositarios centrales de valores, se realizaron cambios impactantes en la ley sueca. Muy pocos saben esto, aparte de las personas que lo hicieron.

Rastreé esto a través de una referencia críptica en un documento de Euroclear, *Términos y Condiciones Generales, Operaciones y Compensación de Cuentas* [16]. Enterrada allí, en la página 38, está la siguiente pista:

14.2 LEY VIGENTE RELATIVA A LA ENAJENACIÓN DE CUENTAS VPC E INSTRUMENTOS FINANCIEROS REGISTRADOS EN UNA CUENTA VPC

Las consecuencias reales de las enajenaciones relacionadas con cuentas VPC y los instrumentos financieros registrados en cuentas VPC se rigen por las disposiciones del Capítulo 6 de la LKF.

Esta cita se refiere a la ley sueca sobre depósitos centrales de valores y contabilidad de instrumentos financieros [17]. El capítulo 6 de esta ley se titula, traducido, "Efecto legal del registro, presunción de propiedad". Enterrada al final de este capítulo se encuentra la siguiente pista:

En la Ley (1991:980) sobre el comercio de instrumentos financieros se encuentran disposiciones especiales sobre la pignoración de instrumentos financieros.

[Särskilda bestämmelser om pantsättning av finansiella instrument finns i lagen (1991:980) om handel med finansiella instrument.]

Dentro de la Ley (1991:980), el Capítulo 3 se titula "Enajenación de instrumentos financieros pertenecientes a otra persona" [Förfoganden över finansiella instrument som tillhör någon annan].

¡Caliente, caliente!

El primer párrafo establece que "la venta prevista debe especificarse cuidadosamente". Eso parece algo bueno, pero continúa diciendo lo siguiente:

El primer párrafo no se aplica si la contraparte de la empresa o las partes de un acuerdo en el que participa la empresa es otra empresa que está bajo la supervisión de la Autoridad de Supervisión Financiera o una empresa extranjera dentro del EEA a la que se le permite realizar actividades comparables en su territorio, país de origen y que esté bajo la supervisión tranquilizadora de una autoridad u otro organismo competente.

Esto otorga al CSD local autoridad legal y amplia libertad para transferir el control legal de los activos del cliente como garantía al ICSD sin el conocimiento o aprobación del titular de la cuenta.

La implementación de esto es ahora tan exhaustiva que un ciudadano sueco no puede tener bonos del gobierno sueco en Suecia como propiedad sin exponerse a la insolvencia del proveedor de la cuenta, del CSD local o del ICSD. Los valores de los ciudadanos suecos ciertamente se agrupan con valores que se utilizan como garantía en otros lugares.

Llegué a Suecia en 2009 para poder mantener bonos del gobierno sueco en Suecia con derechos de propiedad. Pude hacerlo usando una cuenta VP en Handelsbanken. Sin embargo, tras los cambios legales realizados en 2014, Handelsbanken eliminó por completo la estructura de cuentas VP y solo ofreció a sus clientes cuentas de custodia.

SEB también discontinuó su antigua estructura de cuentas VP, que aseguraba la propiedad directa de valores específicos, pero luego introdujo algo que llamaron cuenta Service VP, que se mantiene en el CSD local, Euroclear Suecia. Llamé a SEB sobre esto y me dijeron que un especialista en cuentas de VP me llamaría. Cuando recibí la llamada, hice dos preguntas sencillas:

1. ¿Los valores mantenidos en una cuenta de Service VP se identifican específicamente bajo el nombre del titular de la cuenta?
2. ¿Los valores mantenidos en una cuenta Service VP pueden ser reivindicados en caso de quiebra de SEB o de Euroclear?

El especialista en cuentas me puso en espera durante mucho tiempo mientras investigaba mis preguntas. Cuando regresó, su respuesta fue simplemente que, si bien podía existir un pequeño riesgo de quiebra de Euroclear, la cuenta estaba asegurada por 250.000 coronas suecas. Confirmó que la tenencia de valores en Euroclear fue el cambio realizado con la nueva estructura de cuentas Service VP, y confirmó que existe un riesgo de pérdida de valores con la nueva estructura. Él mismo pareció sorprendido al enterarse de esto.

IV Armonización

En 2011, un amigo que había sido Secretario de Estado, en el gobierno sueco, me organizó una reunión con el Ministro y el Secretario de Estado de Mercados Financieros. Me emocioné tanto cuando recibí el correo electrónico informándome de esto, que se me llenaron los ojos de lágrimas. Me dio la esperanza de que en Suecia sería posible marcar la diferencia y, por tanto, cambiar el rumbo en alguna parte. Les estaré eternamente agradecido por ese encuentro. Algo así nunca me habría sido permitido en la tierra donde nací. Me escucharon acerca de las implicaciones de ajustarse al modelo estadounidense y no estuvieron en desacuerdo. Dijeron que sería posible evitar esto si los alemanes se opusieran, lo que implicaba que la pequeña Suecia no podría hacerlo sola.

El monstruo siguió avanzando. Y todos estamos en su camino.

V. Gestión de Garantías

> La gente debería ser acariciada o aplastada. Si les haces un daño menor, se vengarán; pero si los paralizas no podrán hacer nada. Si necesitas herir a alguien, hazlo de tal manera que no tengas que temer su venganza.
>
> Nicolás Maquiavelo

Junto con el imperativo de que a ciertos acreedores protegidos se les debe dar seguridad jurídica sobre los activos de los clientes, en todo el mundo, sin excepción, está la garantía adicional de una movilidad transfronteriza casi instantánea del control legal de dichas garantías.

Los derivados son contratos financieros sobre todo lo imaginable e

Incluso inimaginable para la mayoría de nosotros. Pueden estar modelados a partir de cosas reales, pero no son cosas reales en sí mismas. Están desvinculados de la realidad física... pero se puede utilizar para tomar cosas reales como garantía.

Como veremos, el objetivo es utilizar todos los valores como garantía y, por tanto, tener los medios prácticos reales para apropiarse de todos los valores como garantía. Se han implementado sistemas integrales de "gestión de garantías", que garantizan el transporte transfronterizo de todos los valores a través de la vinculación obligatoria de los CSD a los ICSD y a las CCP, donde se concentra el riesgo de todo el complejo de derivados. La supuesta "demanda" de esta enorme empresa no está siendo impulsada por verdaderas fuerzas del mercado, sino por mecanismos regulatorios.

Un informe publicado en 2013 por el Comité sobre el Sistema financiero Global del Banco de Pagos Internacionales titulado *Gravamen de activos, reforma financiera y demanda de activos colaterales* [18], afirma lo siguiente:

> *Las reformas regulatorias y el cambio hacia la compensación centralizada de transacciones de derivados también aumentarán la demanda de garantías. Pero no hay evidencia ni expectativa de una escasez duradera o generalizada de tales activos en los mercados financieros globales.*

Otro informe del mismo comité, titulado *Novedades en los servicios de gestión de garantías* [19], afirma (en la página 16):

> *... los cambios que pueden aumentar la demanda de garantías aún no se han implementado, ya que las jurisdicciones operan en diferentes líneas de tiempo para la compensación central obligatoria y los requisitos de margen relativos a las operaciones no compensadas centralmente. Múltiples participantes del mercado señalaron que la implementación de requisitos de compensación obligatorios aún no ha avanzado hasta el punto en que esos participantes del mercado estén experimentando déficits en las garantías disponibles para pignorar...*

y más aún (en la página i):

> *Motivado por aumentos previsibles en la demanda de garantías como consecuencia de cambios regulatorios... Los proveedores de servicios de gestión de garantías están mejorando sus ofertas de servicios en un esfuerzo por optimizar la eficiencia y permitir a los participantes del mercado satisfacer las demandas de garantías con valores existentes y disponibles.*

No obstante, si bien no había pruebas de escasez de garantías y los participantes en el mercado no estaban experimentando déficits, la "demanda de activos de garantía" estaba siendo creada e intensificada artificialmente por mandato regulatorio. No estaba en absoluto impulsada por el mercado.

Esto fue diseñado y ejecutado deliberadamente para trasladar el control de la garantía a los mayores acreedores protegidos detrás del complejo de derivados. Éste es el subterfugio, la finalidad de todo el juego.

V Gestión de garantías

En sus páginas 8-11, el citado informe [19] revela los objetivos de estos sistemas de gestión de garantías, proporcionando una confirmación adicional de que es la vinculación de los CSD y los ICSD lo que proporciona movilidad transfronteriza de las garantías desde el "dador de garantías" hasta el "tomador de garantías" (sí, realmente utilizan explícitamente esos términos):

> *En primer lugar, muchos de los custodios más grandes han implementado, o tienen planes de implementar, una plataforma de custodia de naturaleza global. Este será un sistema único o un conjunto de sistemas conectados que permitirá al cliente una vista única de todas sus garantías disponibles en poder del custodio, independientemente de su ubicación...*
>
> *El objetivo final deseado de todos estos esfuerzos es acercarse lo más posible a una vista única de todos los valores disponibles, independientemente de donde se celebran en tiempo real. Esta agregación de información sobre la oferta es un requisito previo necesario para el despliegue eficiente de los valores disponibles para cumplir con las obligaciones colaterales...*
>
> *Los ICSD permiten a sus participantes obtener opiniones agregadas sobre la totalidad de las tenencias de valores de este último [sic] mantenidas en el ICSD, incluidos los valores mantenidos por los participantes del ICSD a través de acuerdos de enlace.*

El informe ilustra las relaciones entre el ICSD y sus participantes en un diagrama, que se incluye a continuación como FiguraV.1 en la página 27. El texto continúa:

> *Diagrama 5 [FiguraV.1] ilustra los servicios disponibles en los ICSD, mediante los cuales un cliente (dador de garantía) es un participante en el ICSD y mantiene sus valores en el ICSD, incluso a través de acuerdos de enlace entre el ICSD y los CSD locales. El ICSD, como CMSP [Proveedor de servicios de gestión de garantías], al haber establecido vínculos directos o indirectos (es decir, a través de un custodio que participa en el CSD local) con los CSD locales, tiene*

> *información sobre la totalidad de los valores de un participante y puede acceder a ellos con fines de gestión de garantías.*

En este punto, el informe aclara en una nota a pie de página:

> *La totalidad de los valores de un participante incluye los valores del participante que se emitieron y se mantienen en el ICSD y los valores del participante que se emitieron y se mantienen, a través de acuerdos de enlace del ICSD, en un CSD vinculado.*

A continuación, el informe trata el papel de los "tomadores de garantías":

> *Los beneficiarios de las garantías también participan en el ICSD. Tanto el donante de la garantía como los tomadores de la garantía proporcionan información al ICSD como CMSP sobre las obligaciones de la garantía. Con esta información, el ICSD ejecuta su proceso de optimización y puede generar automáticamente instrucciones de asignación de garantías para los donantes/tomadores de garantías en función de los resultados... El ICSD también procesará el movimiento de valores en los libros del ICSD, ya que las contrapartes incluidas en el proceso de optimización y asignación son participantes del ICSD. Si el garante no tiene suficientes garantías en el entorno ICSD, puede obtener garantías mediante . . . transferencia de valores desde su propia cuenta en el CSD vinculado a su cuenta de valores en el ICSD con una liquidación libre de pago (FoP) que se produce en el CSD vinculado.*

Tenga en cuenta que la transferencia de los bienes de las personas debe realizarse sin pago (FoP). No se referían simplemente a "libre movilidad de garantías", sino, literalmente, a "garantías libres". ¡Qué detalle!

El objetivo es utilizar todos los valores como garantía, [19, página 15], a través de la transformación de garantías:

> *A medida que la dinámica de la oferta y la demanda de garantías continúa evolucionando, es posible que los esfuerzos por hacer un uso más eficiente de las garantías existentes no sean suficientes para satisfacer plenamente las obligaciones individuales. Si ese es el caso, es posible que algunos*

participantes del mercado necesiten intercambiar valores disponibles, pero no elegibles, por otros valores que cumplan con los criterios de elegibilidad para a su vez cumplir con sus obligaciones de garantía. Realizar transacciones para lograr este resultado se ha definido como "transformación de garantías".

La transformación de garantías es simplemente el gravamen de todos y cada uno de los tipos de activos de clientes bajo contratos de swap, que terminan en el complejo de derivados. Esto se hace sin el conocimiento de los clientes, a quienes se les hizo creer que poseían estos valores de manera segura, cuando no tiene ningún propósito beneficioso para ellos.

¡Y... abracadabra! Aquí se muestra la transferencia automatizada de garantías en todo el mercado, a las CCP y a los bancos centrales en tiempos de tensión en el mercado [19, pág.19]:

En tiempos de tensión en los mercados, el rápido despliegue de los valores disponibles puede ser crucial para mitigar los problemas sistémicos. Por ejemplo, con una mejor visibilidad de los valores disponibles y un mejor acceso a ellos, las empresas pueden estar mejor posicionadas para desplegar rápidamente valores para satisfacer las necesidades de margen de las CCP en tiempos de mayor volatilidad del mercado o para comprometerse con los bancos centrales en situaciones de emergencia, a obtener un mayor acceso a el prestamista de última instancia. . .

La automatización y estandarización de muchas operaciones relacionadas con la gestión de garantías. . . a nivel de todo el mercado puede permitir a un participante del mercado gestionar demandas de garantías cada vez más complejas y rápidas.

Y así, como hemos visto aquí de manera irrefutable, el objetivo es el de utilizar todos los valores como garantía y, por lo tanto, tener los medios prácticos reales para apropiarse de todos los valores como garantía.

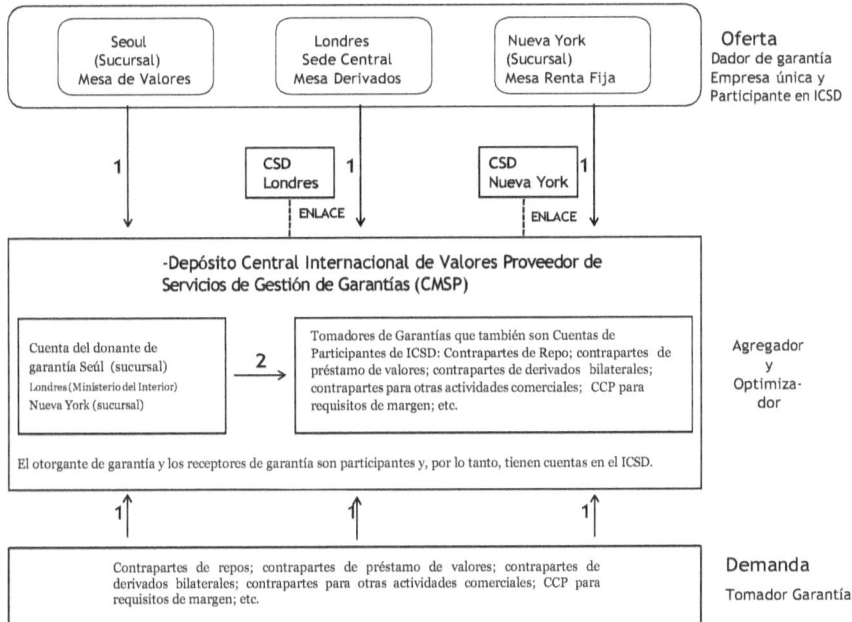

Figura V.1 Múltiples jurisdicciones, ICSD como proveedor de servicios de gestión de garantías con enlaces a otros CSD. Adaptado del Diagrama 5 en [19]. Explicaciones proporcionadas en el original: Vínculo = El ICSD tiene vínculos directos o indirectos con otros CSD. Los valores mantenidos por los participantes de la ICSD a través de estos acuerdos de enlace se incluyen en el fondo de garantía respectivo del participante de la ICSD y están disponibles para la ICSD como CMSP. 1 = El otorgante de garantía y los receptores de garantía envían notificación al ICSD sobre sus transacciones tripartitas. 2 = El ICSD determinará el uso óptimo de los valores disponibles y generará las instrucciones de asignación de garantías subyacentes; La transferencia de garantía se liquida en los libros del ICSD.

Se han implementado sistemas integrales de "gestión de garantías" que aseguran el transporte transfronterizo de todos los valores mediante la vinculación obligatoria de los CSD a los ICSD, a las CCP (donde se concentra el riesgo del complejo de derivados) y a los acreedores protegidos ungidos que tomarán las garantías cuando las CCP quiebren, habiéndose asegurado de que su toma de activos no puede ser impugnada "legalmente".

Inevitablemente, tras la "burbuja de todo" vendrá "el colapso de todo".

Una vez que los precios de prácticamente todo se desploman y todas las empresas financieras se vuelven rápidamente insolventes, estos sistemas de gestión de garantías transferirán automáticamente todas las garantías a las Contrapartes Centrales de Compensación (CCP) y a los Bancos Centrales.

La trampa a la que han sido encaminadas todas las naciones del mundo está lista y esperando a ser lanzada.

Habrá un final épico a las décadas de financiarización aparentemente fuera de control, que no sirvió para beneficiar a la humanidad, pero cuyos efectos devastadores son evidentes incluso ahora.

Ha sido una estrategia deliberada ejecutada durante décadas. Este fue el propósito de inflar la burbuja global de manera completamente desproporcionada comparado con cualquier cosa o actividad del mundo real, lo que acabará en un desastre para tantas personas, sin que se permita que queden focos de resiliencia en ningún país.

VI. Puerto Seguro: ¿para quién y de qué?

> Todos los animales son iguales,
> pero algunos son más iguales que otros.
>
> George Orwell, La Granja de los animales

En 2005, menos de dos años antes del inicio de la crisis financiera mundial, se modificaron significativamente las disposiciones de "puerto seguro" del código de bancarrota de Estados Unidos. El "puerto seguro" sugiere algo bueno, pero nuevamente se trataba de asegurar absolutamente que los acreedores protegidos pudieran tomar los activos de los clientes, y que además no pueda ser cuestionado posteriormente. Se trataba de un "puerto seguro" para los acreedores protegidos frente a las reclamaciones de los clientes sobre sus propios activos.

He aquí algunos extractos explicativos del artículo en línea. *El efecto del nuevo Código de Quiebras en las transacciones de puerto seguro* [20]:

> *El 17 de octubre de 2005, entraron en vigor las disposiciones de la Ley de Protección al Consumidor y Prevención del Abuso de Quiebras de 2005 (la ley de 2005), modificando varias disposiciones del Código de Quiebras de EE. UU... De particular importancia son las disposiciones de la ley de 2005 que abordan el tratamiento de quiebra de diversas transacciones de "puerto seguro", como contratos a plazo, contratos de productos básicos, acuerdos de recompra y contratos de valores.*

Históricamente, con arreglo al Código de Quiebras de los EE.UU., un administrador concursal podía anular transferencias, es decir, forzar su devolución o reembolso, si

- la transferencia era "constructivamente fraudulenta", es decir, se recibía menos de un "valor equivalente razonable", y el deudor en quiebra:

- era insolvente;
- se declaraba insolvente como resultado de la transferencia;
- se dedicaba a negocios para los cuales el deudor tenía un capital irrazonablemente pequeño;
- deliberadamente incurría en deuda superior a su capacidad de pago, o;
- realizó dicha transferencia a una persona con información privilegiada o en beneficio de un informador;
  o;
- la transferencia se realizó dentro de los 90 días posteriores a la declaración de quiebra (un año si el cesionario era una persona con información privilegiada). Las transferencias que cumplen cualquiera de los criterios anteriores se denominan "preferencias", "transferencias preferenciales" o "pasivos preferenciales".

Así que ahora, con las nuevas disposiciones de "puerto seguro", ya no se puede cuestionar la transferencia de activos de clientes a acreedores que antes se consideraban fraudulentas. Ese era la idea. Es más, ahora hasta es bien visto que la transferencia de activos públicos se realice sin pago (FoP), ya que no es necesario demostrar que se recibió un valor razonablemente equivalente.

Stephen J. Lubben es catedrático de Gobierno Corporativo y Ética Empresarial del Harvey Washington Wiley en la Universidad Seton Hall y experto en el campo de finanzas y gobierno corporativo, reestructuración corporativa, dificultades financieras y deuda. A continuación, se muestran algunos extractos de su libro *El código de quiebras sin puertos seguros* [21]:

Tras las modificaciones del Código de 2005, resulta difícil imaginar un derivado que no esté sujeto a un tratamiento especial.

Los puertos seguros cubren una amplia gama de contratos que podrían considerarse derivados, incluidos contratos de valores, contratos de materias primas, contratos a plazo, acuerdos de recompra y, lo más importante, acuerdos de swap. Esta última se ha convertido en una especie de definición general que cubre todo el mercado de derivados, presente y futuro...

Un contrato protegido... sólo está protegido si el titular es también una persona protegida, tal y como se define en el Código de Quiebras. Los participantes financieros (esencialmente instituciones financieras muy grandes) siempre están protegidos.

Los puertos seguros vigentes fueron promovidos por la industria de derivados como medidas necesarias... El argumento del riesgo sistémico a favor de los puertos seguros se basa en la creencia de que la incapacidad de cerrar una posición en derivados debido a la suspensión automática, provocaría una cadena de quiebras entre las instituciones financieras.

El problema de este argumento es que no tiene en cuenta los riesgos creados debido a la prisa por cerrar posiciones y exigir garantías a las empresas en dificultades. Esto no sólo contribuye al fracaso de una empresa financiera ya debilitada, al fomentar una corrida masiva de empresas, sino que también tiene los efectos consiguientes en los mercados en general... El Código tendrá que protegerse contra intentos de apoderarse de cantidades masivas de garantías en vísperas de una quiebra, de una manera que no esté relacionada con el valor subyacente de las operaciones que se garantizan.

El nuevo régimen de puerto seguro quedó consolidado en la jurisprudencia con los procedimientos judiciales relacionados con la quiebra de Lehman Brothers. En el período previo a la quiebra, JP Morgan (JPM) se había apropiado de los activos de los clientes como acreedor protegido, y al mismo tiempo era el custodio de estos activos de los clientes. Según la antigua ley de quiebras, esto habría sido claramente una transferencia de preferencia constructivamente fraudulenta que beneficiaba a una persona con información privilegiada. Y así, JPM fue demandado por clientes cuyos activos fueron confiscados.

Citaré el siguiente memorando presentado en defensa de JPM por el bufete de abogados Wachtel, Lipton, Rosen & Katz, ante el tribunal de quiebras estadounidense del Distrito Sur de Nueva York [22]:

> *El propósito de los puertos seguros, desde sus inicios, fue el de promover la estabilidad en mercados financieros grandes e inherentemente inestables, protegiendo las transacciones en esos mercados para que no se vean perturbadas durante una quiebra. Como se explica en la historia legislativa del puerto seguro original, "la estabilidad financiera de las cámaras de compensación, con frecuencia con millones de dólares a su disposición, se vería gravemente amenazada por" la exposición a reclamaciones de anulación; además, las medidas para evitar los pagos de márgenes realizados por las cámaras de compensación podrían desencadenar una "reacción en cadena" de insolvencias entre todos los demás participantes del mercado, "amenazando a toda la industria".*

Esta es la decisión del tribunal [23] :

TRIBUNAL DE BANCARROTAS DE LOS ESTADOS UNIDOS DISTRITO SUR DE NUEVA YORK En re: Capítulo 11 Caso No. 08-13555

> *El Tribunal está de acuerdo con JPMC en que los puertos seguros se aplican en este caso, y es apropiado que estas disposiciones se cumplan tal y como están escritas, y se apliquen literalmente en interés de la estabilidad del mercado. Las transacciones en cuestión son precisamente el tipo de acuerdos contractuales que deberían estar exentos de verse afectados por una quiebra.*
>
> *El tribunal aplica los estándares más indulgentes de transferencia fraudulenta constructiva o responsabilidad preferencial: se trata de transacciones sistémicamente*

significativas entre actores financieros sofisticados en un momento de dificultades financieras en los mercados; en otras palabras, el entorno preciso para el que estaban destinados los puertos seguros...

El Tribunal primero debe considerar si JPMC es elegible para recibir protección bajo la Sección 546(e). Esa subsección, al igual que los puertos seguros en general, se aplica sólo a ciertos tipos de entidades cualificadas...

JPMC, como una de las principales instituciones financieras del mundo, obviamente es miembro de la clase protegida y cualifica tanto como una "institución financiera" que como un "participante financiero".

Por lo tanto, sólo "un miembro de la clase protegida" está autorizado a tomar los activos de los clientes de esta manera. Los acreedores protegidos más pequeños no gozan de privilegios similares.

Tras la crisis financiera mundial de 2007-2008, ningún ejecutivo fue condenado por delito alguno como consecuencia del uso y posterior pérdida de los activos de los clientes. ¡Todo lo contrario! La quiebra de Lehman Brothers se utilizó para sentar un precedente jurisprudencial de que la "clase protegida" de acreedores protegidos tiene un derecho de prioridad absoluta sobre los activos de los clientes y que, potencial y prácticamente, sólo ellos se quedarán con los activos.

VII. Cámaras Centrales de Compensación

> Humpty Dumpty fue empujado.
>
> Sr. Cabeza de Patata, Toy Story

Las entidades de contrapartida central (CCP) asumen el riesgo de contraparte entre las partes de una operación y se encargan de la compensación y liquidación de las operaciones con divisas, valores, opciones y, sobre todo, contratos de derivados. En caso de quiebra de un participante, la contraparte central asume las obligaciones del participante incumplidor. La CCP combina las exposiciones a todos los miembros compensadores en su balance.

¿Existe el riesgo de que las CCP fracasen?

Euroclear es un Depositario Central Internacional de Valores (ICSD), que fue diseñado para canalizar las garantías de los clientes hacia las CCP. En 2020, Euroclear publicó un artículo en el que se analiza la posibilidad de fallos de las CCP. *Regulación de los riesgos de las CCP* [24], en el que encontramos notables declaraciones de los panelistas en la Conferencia Colateral de Euroclear, como:

> *Los reguladores de todo el mundo han exigido más capital, más garantías y más compensación. Y en gran medida ahora tienen lo que querían...*
>
> *Y, sin embargo, a pesar de los enormes esfuerzos realizados por los participantes del mercado, todavía existen dos preocupaciones importantes. La primera es que las regulaciones financieras de diferentes jurisdicciones no están completamente alineadas entre sí. Y en segundo lugar, que los riesgos en los sistemas financieros se han concentrado en las contrapartes centrales de compensación (CCP).*

> *Estas dos cuestiones se unen en el próximo avance regulatorio para diseñar un régimen de resolución y recuperación para las CCPs en todo el mundo...*
>
> *El impulso de la UE para crear un régimen de recuperación y resolución para las CCP... también ha creado tensiones entre las cámaras de compensación mismas y sus bancos de compensación y administradores de activos, en cuanto a quién debería pagar qué, en caso de un colapso de estas infraestructuras críticas del mercado...*
>
> *Pero, para las instituciones de la UE, la línea roja [sic] es que si una CCP fracasa, no se esperará que el contribuyente pague.*

Este último párrafo es un subterfugio que asegura que en la "resolución" los acreedores protegidos se quedarán inmediatamente con los activos subyacentes; ese es el plan, es decir, no se debe permitir la nacionalización.

El informe continúa:

> *Cualquiera que sea el equilibrio del texto final [del reglamento], eso no quita mérito al hecho de que el riesgo ahora está fuertemente concentrado dentro de estas instituciones. Uno de los panelistas de Euroclear sugirió que existe resistencia al avance cada vez mayor hacia la compensación central, ya que es una función de gestión de riesgos y, en ocasiones, las funciones fallan.*
>
> *De hecho, precisamente porque los CCPs no han fracasado en el pasado, no hay nada que indique que no habrá una crisis de CCPs en el futuro. A los panelistas les preocupaba que, dada la pequeña base de capital que tienen actualmente las CCPs, cualquier recuperación y resolución de una CCP en quiebra implicaría que los miembros compensadores directos decidan dar la cara para apoyarlas a través de una serie de acciones difíciles para las empresas involucradas...*
>
> *Uno de los requisitos clave del borrador será que las CCPs realicen una planificación de escenarios. Y para que una CCP*

fracase, probablemente habrá sido provocado por el incumplimiento simultáneo de dos miembros importantes.

"Si una CCP grande está en problemas debido al incumplimiento de sus miembros [sic], entonces estaremos ante una crisis bancaria", dice Benoît Gourisse, Director Senior de Política Pública Europea de ISDA.

En 2022, el Consejo de Estabilidad Financiera (FSB) y el Comité de Pagos e Infraestructuras de Mercado del BIS publicaron el informe *Recursos Financieros de la Contraparte Central para Recuperación y Resolución* [25], en el que encontramos las siguientes afirmaciones:

En noviembre de 2020, los presidentes del FSB, el Comité de pagos e Infraestructuras de Mercado (CPMI), la Organización Internacional de Comisiones de Valores (IOSCO) y el Grupo Directivo de Resolución del FSB (ReSG) se comprometieron públicamente a colaborar y realizar más trabajos sobre Recursos financieros del CCP en recuperación y resolución. Dicho trabajo consideraría la necesidad de desarrollar, según corresponda, una política internacional sobre el uso, la composición y la cantidad de recursos financieros en recuperación y resolución para fortalecer aún más la resiliencia y resolubilidad de las CCPs, en escenarios de incumplimiento y no incumplimiento.

Bajo el subtítulo "Efectos de contagio en todo el sistema e interconexión", el mismo informe afirma:

Debido a que los escenarios eran específicos de cada CCP, los resultados no pueden agregarse para simular pérdidas totales a nivel del sistema financiero en ningún escenario en particular. Por lo tanto, no se consideraron los efectos a nivel de todo el sistema. El análisis no tuvo en cuenta tales circunstancias o el impacto potencial de que los mismos miembros compensadores incumplan en múltiples CCP. El análisis tampoco intentó modelar los efectos de segundo orden y posteriores de los escenarios que podrían resultar en tensiones más amplias en el mercado, incluidos posibles aumentos en los requisitos de margen, presión de liquidez y escasez de garantías.

Finalmente, el análisis asumió que todos los participantes que no incumplieron, continuaron llevando a cabo sus trabajos como se habían comprometido.

Por lo tanto, este análisis proporcionado por el "Consejo de Estabilidad Financiera" del BIS, evitó por completo considerar lo que sucede exactamente en una crisis financiera global.

El Depository Trust & Clearing Corporation (DTCC) opera dos CCP, ambas designadas en Estados Unidos como Servicios de Mercado Financiero de Importancia Sistémica (SIFMU).

Los siguientes extractos son de un artículo publicado por el DTCC [26]:

Con tres de las subsidiarias de las agencias de compensación de DTCC declaradas como "servicios de mercado financiero de importancia sistémica" (SIFMU), Pozmanter [el Jefe de Servicios de Agencias de Compensación y Operaciones Globales de DTCC] dijo que este año se han llevado a cabo importantes esfuerzos y debates para actualizar las corporaciones de compensación y los planes de recuperación y liquidación del depositario, le preguntó al panelista Stephen Pecchia, director general de la oficina de Recuperación y Resolución de DTCC, sobre las reglas de liquidación actualizadas, así como algunos de los cambios en las reglas de asignación de pérdidas de la agencia de compensación.

"Los estándares de la Agencia de Compensación Cubierta requieren planes para una recuperación y liquidación ordenadas", dijo Pecchia. "Buscaríamos liquidar la entidad fallida y, al mismo tiempo, trasladar nuestros servicios a un tercero que se haya mantenido firme dentro de la empresa DTCC o quizás un tercer adquirente. Lo que sucederá es esencialmente una transferencia de servicios: habrá alguna cesión de activos, se establecerán acuerdos de servicios entre las agencias de compensación fallidas, así como entre el holding DTCC y esta nueva entidad"...

VII Cámaras centrales de compensación

> *"Esperamos que esto sea algo que nunca tengamos que hacer, pero necesitamos estar preparados", dijo. "Como muchos de ustedes saben, lo que propiciará que esto suceda tal vez no sea algo que hayamos visto históricamente, pero el valor está en la planificación".*

Así que, algo que no se ha visto antes propiciará el imperativo de poner en marcha un nuevo CCP, y están planeando que eso suceda.

La DTCC ha proporcionado un videoclip titulado *Perspectivas sobre la gestión de riesgos de las CCP* [27], en el que Murray Pozmanter hace la siguiente afirmación:

> *Creemos que el nivel de capitalización de una CCP es un componente clave de su resiliencia general. Las CCP deben estar suficientemente capitalizadas para soportar pérdidas tanto por incumplimiento de miembros como de no miembros. En respuesta a esto, hemos implementado un marco de capital integral para medir y mitigar eficazmente el riesgo y respaldar la resiliencia de DTCC y de nuestras subsidiarias.*

¿Cuál es entonces la capitalización de DTCC?

Este es un extracto de los estados financieros consolidados de DTCC a marzo de 2023 [28]:

> *Depository Trust & Clearing Corporation (DTCC) es la empresa matriz* de varias subsidiarias operativas, incluidas The Depository Trust Company (DTC), National Securities Clearing Corporation (NSCC), Fixed Income Clearing Corporation (FICC), DTCC ITP LLC (ITP), DTCC Deriv/SERV LLC (Deriv/SERV), DTCC Solutions LLC (Solutions (EE. UU.)), DTCC Solutions (UK) Limited (Solutions (UK)), Business Entity Data, BV (BED); Colectivamente, la "Compañía" o las "Empresas".

Esto es todo DTCC consolidado; es decir, el pisto completo.

Al 31 de marzo de 2023, el patrimonio total consolidado de los accionistas era un poco más de $ 3.5 mil millones.

Es preciso entender que esta es la capitalización completa que sustenta al Depósito Central de Valores y las CCP para todo el mercado de valores y el complejo de derivados de EE. UU.

Ahora compare esto con la siguiente declaración:

> *Creemos que el nivel de capitalización de una CCP es un componente clave de su resiliencia general. Las CCP deben estar suficientemente capitalizadas para soportar pérdidas tanto por incumplimiento de miembros como de no miembros.*

Este es uno de los muchos engaños abiertos, que son desagradables e incómodos de ver y, por lo tanto, fácilmente descartados. Recuerde también estos extractos del intercambio entre el Grupo de Seguridad Jurídica y los abogados de la Reserva Federal:

> P (UE): *¿Está el inversor protegido contra la insolvencia de una intermediario y, en caso afirmativo, ¿cómo?*
>
> R (N.Y. Reserva Federal):... *un inversor siempre es vulnerable a un valor intermediario que no tiene por sí mismo intereses en un activo financiero suficientes para cubrir todos los derechos relativos a los valores que ha creado sobre ese activo financiero. .*
>
> *Si el acreedor garantizado tiene "control" sobre el activo financiero, tendrá prioridad sobre los titulares del derecho...*
>
> *Si el intermediario de valores es una sociedad de compensación, los créditos de sus acreedores tienen prioridad sobre los créditos de los titulares de derechos.*

Más claro imposible. En caso de colapso de las filiales de compensación de DTCC, serán los acreedores protegidos quienes se quedarán con los activos de los titulares de derechos. Este es el objeto. Todo está diseñado para que suceda de repente y a gran escala.

Encontrará algunas declaraciones más relevantes en el artículo: *La DTCC detalla el enfoque de gestión de riesgos* [29]:

Gran parte del debate reciente se ha centrado en si las CCP deberían hacer mayores contribuciones de su propio capital a la cascada de asignación de pérdidas como una manera de asegurarse de que su gestión de riesgos sea prudente y de que tengan su propia "piel en el juego".

Se podría argumentar que las CCP que cotizan en bolsa pueden no estar alineadas con los intereses de los propietarios y accionistas, que también utilizan sus servicios.

"Creemos que era muy importante señalar que este argumento no es aplicable a las CCP de DTCC porque, en esencia, la fuente de nuestro capital son nuestros usuarios", dijo Pozmanter. "No creemos que poner una porción enorme de ese capital en riesgo como parte de nuestra cascada de asignación de pérdidas alinearía nuestros intereses mejor de lo que ya están alineados con los de nuestros propietarios y usuarios. Lo consideramos una fuente potencial de inestabilidad en un mercado estresado".

Y añadió: "Si bien estamos a favor de tener parte de nuestro capital en la cascada de pérdidas, creemos que tener una metodología muy transparente y un porcentaje estático de nuestro capital operativo en la cascada es lo más apropiado para nosotros"...

En cuanto a los procedimientos de resolución, la DTCC se opone a la prefinanciación de la cascada de pérdidas por incumplimiento, aunque sí apoya la prefinanciación del capital operativo necesario para poner en funcionamiento una nueva CCP en caso de incumplimiento.

"A medida que avanzamos en nuestra planificación de recuperación y resolución, queremos tener el capital operativo prefinanciado para potencialmente poner en marcha una nueva CCP en caso de que se resuelva una de nuestras CCP", dijo Pozmanter. "Definitivamente vemos la lógica en tener el capital operativo prefinanciado para poner en marcha una nueva CCP".

Ahí lo tiene. Las CCP están diseñadas para fracasar. Están deliberadamente subcapitalizadas. La puesta en marcha de una nueva CCP está prevista y prefinanciada. Este concepto garantiza que los acreedores protegidos aceptarán todas las garantías sobre las cuales habrán perfeccionad el control legal. ¡El estado de derecho debe prevalecer! ¡De lo contrario tendríamos caos! ¡Después de todo, nadie está por encima de la ley!

Como recordatorio de la estructura, aquí vemos un extracto del artículo de Wikipedia sobre la DTCC [2]:

> *La mayoría de los grandes bancos y corredores de bolsa de EE. UU. participan plenamente en el DTC, lo que significa que depositan y mantienen valores en el DTC. El DTC aparece en los registros de acciones de un emisor como el único propietario registrado de los valores depositados en el DTC. El DTC mantiene los valores depositados en "volumen fungible", lo que significa que no hay acciones específicamente identificables que sean propiedad directa de los participantes del DTC. Más bien, cada participante posee una participación prorrateada en el número total de acciones de un emisor en particular mantenidas en el DTC. En consecuencia, cada cliente de un participante del DTC, como un inversor individual, posee una participación prorrateada en las acciones en las que el participante del DTC tiene participación.*

Con la explicación proporcionada por el Banco de la Reserva Federal de Nueva York (ver Capítulo III), usted sabe ya lo que significa esto.

VIII. Feriado bancario

> Cambiaron su primogenitura por un plato de potaje.
>
> William Blake

Mi tía Elizabeth tenía diez años cuando los bancos fueron cerrados por decreto en 1933 [30]. Cuando le pedí que me hablara de la Gran Depresión, me dijo que de repente nadie tenía dinero, que incluso las familias ricas no tenían dinero y tenían que sacar a sus hijas de la escuela privada porque no podían pagar la matrícula.

Me preguntaba por qué incluso estas familias ricas no podían enviar a sus hijos de regreso a la escuela después de que se reabrieran los bancos.

La respuesta es que sólo se permitió reabrir a los bancos de la Reserva Federal y a los bancos seleccionados por la Reserva Federal.

"Los Bancos de la Reserva Federal", escribe Allan Meltzer, "enviaron al Tesoro listas de bancos recomendados para su reapertura, y el Tesoro autorizó a los que aprobó". El estudio de Meltzer *Una historia de la Reserva Federal* [31] se considera la historia más completa del banco central.

Las personas que tenían dinero en bancos a los que no se les permitió reabrir lo perdieron todo. Sin embargo, sus deudas no fueron canceladas; esos bancos fueron absorbidos por los bancos seleccionados por el Sistema de la Reserva Federal. Si estas personas no podían hacer los pagos de sus deudas (lo que era probable, ya que habían perdido su efectivo), perdieron todo lo que habían financiado con cualquier cantidad de deuda, por ejemplo, su casa, su automóvil y su negocio.

Nunca se permitió la reapertura de miles de bancos. Las grandes fachadas de los antiguos edificios bancarios podían verse por todo Cleveland. Fue tal la devastación de los bancos que se construyó una iglesia católica en el barrio con enormes columnas de piedra rescatadas de un edificio bancario que había sido demolido.

El Cleveland Trust Co. había crecido a través de adquisiciones hasta convertirse, en 1924, en el sexto banco más grande de los Estados Unidos. Como señala la Enciclopedia de Historia de Cleveland de la Universidad Case Western Reserve [32], "el banco sobrevivió bien a la Depresión". ¿Cómo fue eso posible? Fue seleccionado por la Reserva Federal para consolidar deudas. Tuve un profesor de finanzas que nos contó en clase que Cleveland Trust había llevado a cabo un proceso sistemático de ejecución hipotecaria y desalojamiento de miles de familias de sus hogares en el área metropolitana de Cleveland. Después de que estas familias fueron desalojadas de sus hogares y su patrimonio desapareció, se les ofrecía la posibilidad de mudarse de nuevo a sus antiguas casas como inquilinos, con la ventaja para Cleveland Trust de que estas familias pagarían por mantener las casas con calefacción hasta que pudieran venderlas. A Cleveland Trust le fue "bien". ¿Cómo sabía esto mi profesor de finanzas? Su familia era una de esos muchos miles de familias cuya hipoteca de vivienda había sido asumida por Cleveland Trust.

Compárese esto con la alegre imagen transmitida por William L. Silber, miembro del Panel Asesor Económico del Banco de la Reserva Federal de Nueva York. en su artículo *¿Por qué tuvo éxito el feriado bancario de FDR?* [33], Silber escribe:

> *Para alivio de todos, cuando las instituciones reabrieron sus puertas el 13 de marzo, los depositantes hicieron cola para devolver su dinero a los bancos de su barrio. En dos semanas, los estadounidenses habían vuelto a depositar más de la mitad del dinero que habían guardado antes de la suspensión. El mercado también registró su aprobación. El 15 de marzo de 1933, el primer día de operaciones después del cierre prolongado, la Bolsa de Valores de Nueva York registró el mayor aumento de precios en un día jamás experimentado. En retrospectiva, el feriado nacional de marzo de 1933 puso fin a las corridas bancarias que habían plagado la Gran Depresión... Los observadores contemporáneos consideran que el feriado bancario y el boca a boca, fueron dos elementos que fracturaron la vertebración de la Gran Depresión...la velocidad con la que la Ley de Feriados Bancarios restableció la integridad del sistema de pagos demuestra el poder de políticas creíbles de cambio de régimen.*

VIII Feriado bancario

La Ley de emergencia bancaria de 1933 fue aprobada por el Congreso el 9 de marzo de 1933, tres días después de que la FDR declarara el feriado bancario, y solo había una copia disponible en la Cámara de Representantes. y con copias disponibles para los senadores a medida que el proyecto de ley se proponía en el Senado, después de haber sido aprobado por la cámara [34].

¿Tuvo éxito el plan? Se nos hace creer que el feriado bancario fue un plan brillante. Bueno, para algunos lo fue. Es decir, sin duda para aquellos intereses bancarios que tomaron los activos y consolidaron su poder lo fue.

Ciertamente demostró el poder de las "políticas de cambio de régimen". Veremos que no se trataba sólo de quitarle las casas a la gente y otras cosas. En cuanto a poner fin al pánico, tal vez no sea tan difícil hacerlo cuando uno ha fomentado el pánico.

En el artículo de Wikipedia *La gran Depresión* [35] encontramos la siguiente ilustración del extraño comportamiento de la Reserva Federal en los años previos al feriado bancario:

La explicación monetarista fue dada por los economistas estadounidenses Milton Friedman y Anna J. Schwartz. Argumentaron que la Gran Depresión fue causada por la crisis bancaria que provocó la desaparición de un tercio de todos los bancos, una reducción de la riqueza de los accionistas bancarios y, lo que es más importante, una contracción monetaria del 35%, a la que llamaron "La Gran Contracción". Al no bajar las tasas de interés, al no bajar las tasas y al no inyectar liquidez en el sistema bancario para evitar que se desmoronase, la Reserva Federal observó pasivamente la transformación de una recesión normal en la Gran Depresión.

La Reserva Federal permitió algunas quiebras de grandes bancos públicos, en particular la del Banco de Nueva York de los Estados Unidos [en diciembre de 1930], lo que produjo pánico y corridas generalizadas en los bancos locales, y la Reserva Federal se quedó de brazos cruzados mientras los bancos colapsaban.

Friedman y Schwartz argumentaron que, si la Reserva Federal hubiera otorgado préstamos de emergencia a estos bancos clave, o simplemente hubiera comprado bonos gubernamentales en el mercado abierto para proporcionar liquidez y aumentar la cantidad de dinero después de la caída de los bancos clave, el resto de los bancos. habrían caído después de que lo hicieron los grandes, y la oferta monetaria no habría caído tan bajo y tan rápido como lo hizo.

Esta opinión fue respaldada en 2002 por el gobernador de la Reserva Federal, Ben Bernanke, en un discurso en honor a Friedman y Schwartz con esta declaración [36]:

Permítanme terminar mi intervención abusando ligeramente de mi condición de representante oficial de la Reserva Federal. Me gustaría decirle a Milton y a Ana: Respecto a la Gran Depresión, tienes razón. Lo hicimos. Lo sentimos mucho. Pero gracias a ti no lo volveremos a hacer.

Como eso era "agua pasada", Bernanke podía admitir tal cosa sin arriesgar nada. Pero, más concretamente, le permitiría presentarse como el hombre sabio que había estudiado los "errores" de la Reserva Federal, y luego justificar las medidas extraordinarias que la Reserva Federal adoptaría en la crisis financiera mundial. ¿Está realmente "muy arrepentida" la Reserva Federal? ¿Se puede creer la promesa de que "no lo volveremos a hacer"? Han estudiado en detalle las lecciones del pasado; sin embargo, su propósito ha sido preparar una versión global nueva y mejorada para el final espectacular de este superciclo de expansión de la deuda. De eso se trata este libro.

Contrariamente a la imagen de éxito que nos han transmitido, el feriado bancario no puso fin a la Gran Depresión. No hubo recuperación que hubiera permitido a la gente pagar sus deudas y conservar sus propiedades. ¿Por qué fue eso? "Inexplicablemente", la Reserva Federal mantuvo las condiciones estrictas [37]:

Según la literatura, las posibles causas fueron una contracción de la oferta monetaria por las políticas de la Reserva Federal y del Departamento del Tesoro y por políticas fiscales contractivas.

VIII Feriado bancario

Si se trataba de un programa integral para garantizar que no hubiera recuperación, funcionó bastante bien. Las condiciones siguieron siendo en general estresantes durante años y mantuvieron bajos los niveles de precios, de modo que la gente no tuvo oportunidad de vender activos para pagar deudas. Sé por cartas familiares que, a pesar de no tener deudas, los tiempos eran bastante difíciles. La abuela Webb le escribió a su hijo (que estaba en un programa deportivo juvenil en una base militar) acerca de que el abuelo Webb había estado tratando de conseguir trabajo para Webb Equipment. Eso fue en 1936.

Contrariamente a la imagen de la FDR como salvador, las personas de mi familia que vivieron los años 30 consideraban a la FDR algo así como al mismísimo satanás, y no eran personas religiosas.

Aquí hay una cita interesante de Silber [33]:

La ley de emergencia bancaria de 1933, aprobada por el Congreso el 9 de marzo, junto con el compromiso de la Reserva Federal de suministrar cantidades ilimitadas de moneda a los bancos reabiertos, creó de facto un seguro de depósitos del cien por cien.

Así, según William L. Silber, que fue asesor económico del Banco de la Reserva Federal de Nueva York, la Reserva Federal milagrosa y repentinamente, en marzo de 1933, tuvo los medios "para suministrar cantidades ilimitadas de moneda a los bancos reabiertos", que eran, por supuesto, sólo los bancos seleccionados por el Sistema de la Reserva Federal. Claramente, la Reserva Federal siempre tuvo los medios para evitar la quiebra de esos miles de bancos. Se puede fomentar fácilmente el pánico cuando se controla el sistema. Ellos lo hicieron posible. Lo planearon y luego presentaron su solución después de implementar sus políticas de cambio de régimen.

El Sistema de la Reserva Federal y los bancos seleccionados por la Reserva Federal estaban dispuestos a quitarle cosas a la gente a gran escala: sus casas, sus automóviles e incluso sus nuevos electrodomésticos, que les habían sido vendidos con la innovación del crédito al consumo. ¿Necesitaban "los banqueros" apoderarse de esta propiedad? ¿Cuál fue el verdadero propósito?

¿Podemos trascender la idea de que estaban tratando de ayudar? Incluso si fuera así, siempre solemos reducirlo a pequeña escala, es decir, lo tildamos de una codicia humana natural por el dinero y las cosas materiales. Pero no lo fue entonces y no lo es ahora.

Pregúntese: si ellos no quieren su dinero, y realmente no quieren ni necesitan sus cosas, y no están tratando de ayudarlo, ¿qué quieren? ¿Cuál es el objeto de todos sus esfuerzos?

Puede resultar difícil escuchar esto, pero fue una estrategia deliberada. Se trataba de ejercer un poder supremo y completo, que no permitiera focos de resistencia. Y en aquel entonces como hoy, se trataba de privaciones y de subyugación, en más formas de las que somos conscientes.

No se trataba de ayudar a la gente entonces, ni se trata de ayudar a la gente ahora. Todo es parte del mismo proceso deliberado de acorralamiento de la humanidad y eliminación de cualquier foco de resiliencia, que todavía nos atormenta.

Si bien Cleveland es ahora una ciudad en ruinas, fue un centro de increíble prosperidad en la década de 1920. El edificio del Banco de la Reserva Federal en Cleveland se completó en 1923, casi a los diez años de la firma de la ley de la Reserva Federal. La cámara acorazada del banco es la mayor del mundo, e incorpora la bisagra más grande jamás construida. Parece que se estaban preparando para meter allí muchas cosas, y en prevención de que hubiera cierta tensión al respecto. No era probable que se llenara de frigoríficos, lavadoras y tostadoras. Hay torretas de ametralladoras por encima de la acera a nivel de la calle. Había un objetivo más amplio.

El trabajo preparatorio se había iniciado cuando se planificó en secreto el Sistema de la Reserva Federal y con la aprobación de la Ley de la Reserva Federal en silencio, antes de Navidad, 1913. La Ley de la Reserva Federal estableció una lógica inevitable de que la Reserva Federal debe tomar el oro del público en una crisis suficientemente importante, con la justificación de que el crédito no podría ampliarse de otra manera.

Esto es exactamente lo que está previsto que suceda ahora con todos los valores de propiedad pública a nivel mundial.

VIII Feriado bancario

Aquí encontrará un extracto importante del artículo de Wikipedia sobre el Decreto 6102 [38]:

El motivo declarado del decreto fue que los tiempos difíciles habían provocado un "acaparamiento" de oro.

Sin embargo,

La razón principal detrás del Decreto fue en realidad eliminar la restricción a la Reserva Federal que le impedía aumentar la oferta monetaria durante la depresión. La Ley de la Reserva Federal (1913) exigía un 40% de respaldo en oro para los billetes de la Reserva Federal que se emitieran. A finales de la década de 1920, la Reserva Federal casi había alcanzado el límite de crédito permitido, en forma de pagarés a la vista de la Reserva Federal, que podían estar respaldados por el oro que poseía.

El decreto de confiscar todo el oro de propiedad pública se dictó de conformidad con la Ley de Comercio con el Enemigo de 1917, que se había promulgado cuatro años después de la creación de la Reserva Federal. La ley se había utilizado para confiscar las propiedades de los nativos de Alemania sepultados, y más. Así lo describe Daniel A. Gross en su artículo. *Estados Unidos confiscó medio billón de dólares en propiedad privada durante la Primera Guerra Mundial* [39], cuyo subtítulo dice: "El frente interno de Estados Unidos fue un lugar de entierros, deportaciones y grandes confiscaciones de propiedades".

Al parecer, todo el público estadounidense era ahora el enemigo. Piense un poco. Las personas que simplemente estaban protegiéndose a sí mismas y a sus familias de las acciones del Sistema de la Reserva Federal fueron acusadas de acaparar oro y literalmente criminalizadas si persistían en hacerlo. El razonamiento es increíble: ustedes están atesorando oro, así que nos lo apropiaremos y ¿qué haremos con él? ¡Acumularlo! Como hemos visto, una vez que sustrajeron el oro del público, no lo utilizaron para expandir el crédito. La gente seguía en la trampa de la deuda. Las privaciones continuaron e incluso empeoraron.

Claramente, la necesidad de ampliar el crédito sirvió sólo como pretexto para la confiscación del oro del público, que era el verdadero objetivo premeditado.

Le pregunté a mi padre por qué la gente había entregado su oro. Dijo que si no lo hacías eras un criminal, pero, además, no había nada que pudieras hacer con ello porque no podías transportarlo ni venderlo legalmente. Básicamente, se había confiscado el uso y el valor del oro. ¡Este fue ciertamente el caso porque siguió siendo ilegal que una persona estadounidense poseyera oro durante más de cuarenta años!

Veamos algunos extractos del Decreto 6102 [40]:

Por la presente se requiere que todas las personas entreguen el 1 de mayo de 1933 o antes, a un Banco de la Reserva Federal o sucursal o agencia del mismo o a cualquier banco miembro del Sistema de la Reserva Federal todas las monedas de oro, lingotes de oro y certificados de oro que ahora sean de su propiedad o que prevean puedan ser de su propiedad...

Quien viole intencionalmente cualquier disposición de este Decreto.. podrá ser multado hasta con $10,000, o, si es una persona física, podrá ser encarcelada hasta por diez años, o ambas...

Tenga en cuenta que las sanciones fueron bastante severas y que todo el oro debía ser literalmente entregado al Sistema de la Reserva Federal. ¡Que agradable!

¡Ahora queda claro el propósito de construir, en 1923, la cámara acorazada bancaria más grande del mundo y un edificio fortificado!

Quizás esta vez no se confisque el oro de inmediato. El oro no ha sido considerado el respaldo colateral esencial como fue el caso bajo la Ley de la Reserva Federal. En esta ronda, son los valores de todo tipo, a nivel mundial, los que se han establecido como el respaldo colateral que sustenta el complejo de derivados.

Los grandes bancos están organizados como sociedades holding con filiales. El objetivo de esta estructura es separar legalmente los riesgos. Una filial puede diseñarse para asumir pasivos que no pueden vincularse a activos de otras filiales ni de la sociedad holding. La filial debilitada puede declararse en quiebra por separado. Es muy posible que los grandes bancos hayan suprimido el precio del oro vendiendo oro "de papel" en filiales, a las que se permitirá que quiebren, mientras acumulan oro físico en otras filiales, que están diseñadas para sobrevivir. Esto, sin embargo, no garantiza que a usted, como miembro de los grandes *no blanqueados*, se le permita quedarse con su oro; no si este gigante continúa en movimiento.

Recuerdo las palabras de mi padre, que había vivido todo esto: "Lo único que no te pueden quitar es tu educación".

Sólo el Sistema de la Reserva Federal fue diseñado para sobrevivir y hacerse cargo de todos los activos y actividades bancarias. Sólo se permitió reabrir los bancos de la Reserva Federal y aquellos seleccionados y controlados por la Reserva Federal. La Reserva Federal también fue indemnizada por el gobierno (es decir, el público) por cualquier pérdida.

Por eso, el cierre a gran escala de bancos y la captación de depósitos bancarios no tiene precedentes. Los tenedores de efectivo en los bancos son acreedores no protegidos sin ningún derecho exigible sobre su dinero.

Se ha prometido que esta vez no habrá rescate de los contribuyentes, como si eso fuera algo bueno. ¿Por qué? Simplemente porque esto permitirá cerrar los bancos en lugar de nacionalizarlos. Entonces todos los depósitos y activos pasarán a manos de la "clase protegida" de acreedores protegidos. Esta es la dirección en la que vamos.

Algunas personas ricas pueden pensar que se librarán de esto guardando su dinero en bancos "demasiado grandes para quebrar". Quizás parezca que lo han logrado durante las primeras etapas de la crisis bancaria. Sin embargo, este "cambio de régimen" está diseñado para abarcarlo todo.

Normalmente, las filiales que aceptan depósitos deberían ser bastante seguras. Pero se ha establecido una estrategia para que las filiales que aceptan depósitos de los "bancos demasiado grandes para quebrar" puedan quebrar por separado cuando llegue el momento. ¿Cómo podemos saber eso?

La Reserva Federal tiene el poder de otorgar exenciones a cualquier banco para transferir derivados a subsidiarias que acepten depósitos, y así lo ha hecho. Ha sido probado y a gran escala. Aparentemente la Reserva Federal lo hace fácil y unilateralmente al conceder exenciones a la Sección 23A de la Ley de la Reserva Federal.

Aquí hay algunos extractos de un artículo de Bloomberg News de 2011 [41]:

> *Bank of America Corp., afectado por una rebaja crediticia el mes pasado, ha trasladado derivados de su unidad Merrill Lynch a una filial repleta de depósitos asegurados, según personas con conocimiento directo de la situación.*
>
> *La Reserva Federal ha indicado que está a favor de mover los derivados para dar alivio al holding bancario... El holding del Bank of America (matriz tanto del banco minorista como de la unidad de valores de Merrill Lynch) tenía casi 75 trillones de dólares en derivados a finales de junio. . . Según los datos, alrededor de 53 trillones de dólares, o el 71 por ciento, estaban dentro del Bank of America NA, que representan los valores nocionales de las operaciones.*
>
> *Eso se compara con la entidad receptora de depósitos de JPMorgan, JPMorgan Chase Bank NA, que acumulaba el 99 por ciento de los 79 trillones de dólares en derivados nocionales de la firma con sede en Nueva York. . .*
>
> *La transferencia de contratos de derivados entre unidades de un holding bancario está limitada por la Sección 23A de la Ley de la Reserva Federal, que está diseñada para evitar que las filiales de un prestamista se beneficien de su subsidio federal y para proteger al banco del riesgo excesivo que se origina en la filial no bancaria, dijo Saule T. Omarova, profesora de derecho de la Facultad de Derecho de la Universidad de Carolina del Norte en Chapel Hill. . .*
>
> *En 2009, la Reserva Federal concedió exenciones de la Sección 23A a las ramas bancarias de Ally Financial Inc., HSBC Holdings Plc, Fifth Third Bancorp, ING Group NV, General Electric Co., Northern Trust Corp., CIT Group Inc., Morgan Stanley y Goldman. Sachs Group Inc., entre otros. . .*

Y aquí hay extractos de otro artículo sobre el mismo tema [42]:

Bank of America (NYSE:BAC) ha transferido alrededor de 22 trillones de dólares en bonos derivados de Merrill Lynch y el holding BAC a la división de depósitos minoristas asegurados por la FDIC. Junto con esta información llegó la revelación de que la unidad asegurada por la FDIC ya estaba repleta de bonos potencialmente tóxicos por valor de 53 trillones de dólares, lo que suma un total de 75 trillones de dólares.

Todo esto cuenta con la bendición de la Reserva Federal, que aprobó la transferencia de derivados de Merrill Lynch a la unidad minorista asegurada de BAC antes de que se hiciera.

Este no es un caso aislado. A JP Morgan Chase (JPM) se le permite albergar sus obligaciones de derivados inestables dentro de su unidad de banca minorista asegurada por la FDIC. Otros grandes bancos hacen lo mismo.

Tenga en cuenta, cuando vea la escala de las posiciones de derivados en estos bancos individuales, que el tamaño de toda la economía global fue de aproximadamente 74 trillones de dólares en 2011. Así que los bancos individuales tenían libros de derivados del tamaño de toda la economía global, y los transfirieron a sus filiales receptoras de depósitos con la aprobación de la Reserva Federal.

¿Por qué se ha probado esto a tan gran escala? Parece que se toman bastante en serio algo. ¿Se pretende hacer más seguras las filiales que aceptan depósitos? ¿Cuál es el verdadero propósito?

Utilizado en el momento adecuado, esto asegurará el colapso de las filiales de depósitos de los bancos "demasiado grandes para quebrar", permitiendo la apropiación de dinero de manera integral, incluso de los depositantes de estas filiales de depósitos, dejándolos esencialmente sin dinero en ninguna parte. y sin focos de resiliencia o de resistencia potencial. Mientras tanto, en el caos de la consiguiente ola global de insolvencias, salpicada de amenazas existenciales artificiales, la "clase protegida" de los holdings bancarios y sus filiales diseñadas para la continuidad, no sólo sobrevivirá, si no que prosperará, apropiándose esencialmente de todas las garantías. Esto se presentará como un imperativo, es decir, que deben sobrevivir y ser fuertes por el bien de la humanidad, para que el sistema pueda comenzar de nuevo y todos podamos avanzar. La gente estará desesperada y simplemente querrá que cese el terror. ¿Qué hoja de parra tendrán los depositantes para protegerse de la "clase protegida"?

El Fondo de Seguro de Depósitos (DIF) de la Corporación Federal de Seguro de Depósitos (FDIC) era de $128,2 mil millones al 31 de diciembre de 2022. La FDIC debe financiar el DIF hasta el 1,35% de los depósitos asegurados. El DIF puede agotarse y, de hecho, se ha agotado por completo dos veces: en la crisis de ahorro y préstamo y en la crisis financiera mundial. En estos casos, a la FDIC se le permitió pedir prestados fondos del Banco Federal de Financiación. La FDIC tiene una línea de crédito con el Tesoro por hasta 100.000 millones de dólares. Si esta línea de crédito se utilizara en su totalidad, los recursos totales ascenderían a 228.000 millones de dólares (aproximadamente el 2% de los depósitos asegurados). Entonces, si todo el sistema bancario es insolvente, los depositantes "asegurados" obtienen 2 centavos por dólar. Eso no servirá de mucho en una crisis bancaria generalizada, o si la filial receptora de depósitos de un banco importante quiebra; por ejemplo, Bank of America y JP Morgan tienen más de 2 trillones de dólares y 2,5 trillones de dólares en depósitos, respectivamente.

En Europa, la unión bancaria se inició en 2012 supuestamente como respuesta a la "crisis de la eurozona"; esto ha transferido la responsabilidad de la política bancaria del nivel nacional al nivel de la UE en 21 países. Hasta ahora, Suecia ha resistido la presión de su propio banco central para unirse a la unión bancaria; Dinamarca y Polonia firmaron el tratado, pero aún no lo ratificaron.

El objetivo, creo, era crear una herramienta para impedir la estabilización de los bancos mediante la nacionalización, bajo el pretexto simplista de que, como la liquidación de los bancos se gestionará de forma totalmente privada, no se utilizará ningún dinero de los contribuyentes.

Los poderes de resolución sobre los sistemas bancarios capturados, incluidos alrededor de 3.000 bancos y otras instituciones financieras, se han conferido a una autoridad de resolución, la Junta Única de Resolución (JUR), que ejecutará un Mecanismo Único de Resolución (MUR).

Para el ejercicio de las competencias de resolución se utilizará un Fondo Único de Resolución (FUR). El FUR se compone de aportaciones de entidades de crédito y determinadas empresas de servicios de inversión de los Estados miembros participantes en la unión bancaria.

El FUR debe, por ley, alcanzar el nivel objetivo de al menos el 1% de los depósitos cubiertos antes del 31 de diciembre de 2023, momento en el que se pretende que el régimen de seguro de depósitos esté totalmente mutualizado entre los Estados miembros. Se prevé que el FUR ascenderá a aproximadamente 80 000 millones de euros en ese momento. Una línea de crédito renovable del Mecanismo Europeo de Estabilidad (MEDE) igualará el FUR, aumentando el respaldo total hasta el 2% de los depósitos cubiertos (aproximadamente 160.000 millones de euros), y alcanzando así la armonización con el nivel del 2% de respaldo de los depósitos en EE.UU.

La JUR pretende ahora capturar e incorporar al MUR los antiguos sistemas de garantía de depósitos (SGD) nacionales. La JUR tiene un problema con algo llamado Super Prioridad. En caso de quiebra, los créditos de súper prioridad se clasifican a la par o incluso por encima de los acreedores protegidos. La JUR ha declarado que "la súper prioridad del DGS hace que, de facto, sea poco realista utilizar fondos del DGS en la resolución" [43].

La JUR ha declarado además que "la JUR apoya la eliminación de la súper prioridad del DGS y la adopción de una preferencia general para los depositantes" [43]. ¿Por qué se oponen a la super prioridad para la DGS?

Si bien estos fondos son bastante pequeños, con súper prioridad, los fondos utilizados de los SGD nacionales ciertamente se recuperarían de los activos del banco y, por lo tanto, podrían reutilizarse. Daría al SGD nacional un asiento en la mesa junto a los acreedores protegidos principales, involucrando potencialmente al Estado en cada proceso de resolución; la JUR no quiere eso en absoluto. Están intentando forzar un acuerdo de que estos fondos sean tratados como una preferencia general de los depositantes, lo que colocaría a dichos fondos justo por delante de los acreedores no garantizados, pero detrás de los acreedores protegidos. En la práctica, esto significa que los fondos no se recuperarían y serían aniquilados en el primer gran fracaso. Ese parece ser el objetivo. La súper prioridad es sólo para la "clase protegida". Al público sólo se le puede permitir una apariencia de protección

La Junta Única de Resolución ha ordenado a los bancos más grandes que se preparen para la liquidación solvente (SWD). Una vez más, eso suena como algo bueno, pero dada la escala de la burbuja, esto no puede significar la solvencia de todo el sistema bancario. Sugiero que lo que esto significa es la preparación de ciertas partes de los bancos más grandes para seguir siendo solventes.

Veamos algunos extractos del memorando de la JUR. *Liquidación por solventes de las carteras de negociación (Guía para bancos, 2022)* [44]:

Se espera que todos los G-Sibs [bancos de importancia sistémica mundial] trabajen en la planificación del SWD como una prioridad del RPC [Ciclo de planificación de resoluciones] 2022.

Se identificarán y se contactarán con otros bancos en el transcurso de 2022, tras de una evaluación adicional de la importancia de sus carteras de negociación, para trabajar en la planificación del SWD como una prioridad del RPC 2023.

Se espera que los G-Sibs se preparen para planificar y garantizar que las capacidades estén listas a fin de cumplir las expectativas del "día 1" en 2022, mientras que se espera que otros bancos a los que se les contactó en 2022 las cumplan en 2023.

Los bancos deben tomar todas las medidas necesarias para garantizar que todas las expectativas relacionadas con el SWD del "Día 1" se implementen a tiempo.

VIII Feriado bancario

He aquí más extractos de la reunión de la JUR *Programa de trabajo 2023* [45]:

El programa de trabajo de la JUR para 2023 se sitúa en un contexto de gran incertidumbre. Si bien a principios de 2022 las economías comenzaron a salir de la pandemia, en 2023 se verán desafíos adicionales, en parte derivados de la actuación rusa en Ucrania. El aumento de los costes energéticos ha provocado una inflación de dos dígitos en muchas partes de la unión bancaria. Ahora, más que nunca, es importante que finalicemos el trabajo sobre la resolubilidad bancaria y garanticemos que todos los objetivos establecidos en las expectativas para los bancos de la JUR se cumplan antes de que termine el año. Esta era la fecha prevista inicialmente y vamos camino de cumplirla.

En los próximos doce meses la JUR se centrará en las fases más generales de redacción y ajuste de los planes de resolución para garantizar que cada plan y estrategia de resolución preferida para cada banco se pueda implementar con poca antelación.

Al mismo tiempo, es necesario reforzar aún más la preparación ante las crisis para dotar a la JUR de todas las herramientas necesarias para reaccionar ante una crisis inminente, implementar un plan de resolución y gestionar cualquier reestructuración necesaria del banco.

Está claro que el camino a seguir es adoptar medidas europeas más armonizadas, en lugar de renacionalizar y debilitar las herramientas europeas de estabilidad financiera.

Sin embargo, siempre habrá pérdidas cuando un banco tenga problemas.

La resolución no es una solución milagrosa que solucione todo, sino que se trata de atribuir y compartir las pérdidas que sufre un banco. . .

El año 2023 será el último de un período transitorio para el establecimiento de los principales elementos del marco de resolución en la Unión Bancaria.

¡Parece que nos acercamos a la hora del espectáculo!

Una indicación de que los poderes fácticos son extremadamente serios se puede ver en el comunicado de prensa de la JUR de 2022. *Los directores de las autoridades financieras de EE. UU., la Unión Bancaria Europea y el Reino Unido se reúnen para un ejercicio periódico de coordinación sobre la planificación de resoluciones transfronterizas* [46]:

Los jefes de las autoridades de resolución, regulación y supervisión, bancos centrales y ministerios de finanzas de los Estados Unidos, el Reino Unido y la Unión Bancaria Europea se encuentran entre los líderes que participarán en un ejercicio trilateral de nivel principal el sábado 23 de abril de 2022. La reunión es parte de una serie de ejercicios e intercambios regulares entre los directores de estas autoridades clave del sector financiero para mejorar la comprensión del régimen de resolución de cada jurisdicción para los bancos de importancia sistémica global y fortalecer la coordinación en materia de resolución transfronteriza.

Este ejercicio se basa en seis eventos transfronterizos precedentes de nivel principal que se remontan a 2014, a los que se unieron las autoridades de la Unión Bancaria Europea en 2016. De los EE.UU., se espera que entre los participantes se encuentren el Secretario del Tesoro, el Presidente de la Junta de Gobernadores del Sistema de la Reserva Federal, el Presidente del Banco de la Reserva Federal de Nueva York, el Presidente interino de la Corporación Federal de Seguro de Depósitos, el Presidente de la Junta de Valores y la Comisión de Cambios, el Controlador Interino de la Moneda, el Presidente de la Oficina de Protección Financiera del Consumidor y el Presidente de la Comisión de Comercio de Futuros de Productos Básicos.

Entre los participantes de la Unión Bancaria Europea se incluyen directores de la Junta Única de Resolución, la Comisión Europea y el Banco Central Europeo. Entre los participantes del Reino Unido se incluyen directores del Tesoro de HM y del Banco de Inglaterra.

Este nivel de atención por parte de Estados Unidos es extremadamente inusual. Nunca había visto que sucediera algo así, y mucho menos siete veces en ocho años. Es casi como si estuvieran planeando algo bastante serio.

El Consejo Atlántico es un grupo de expertos que "crea un lugar de encuentro" para jefes de Estado, líderes militares y corporativos. Es miembro de la Asociación del Tratado del Atlántico, una organización coordinadora que reúne a líderes políticos, académicos, funcionarios militares y diplomáticos para apoyar a la Organización del Tratado del Atlántico Norte (OTAN).

El foco del Consejo Atlántico es la estrategia militar, no la economía. ¿Y en qué se centra ahora el Consejo Atlántico? Moneda digital del banco central (CBDC), que es dinero virtual respaldado y emitido directamente por los bancos centrales.

El Consejo Atlántico tiene un rastreador de CBDC bastante bueno [47]. Aquí se puede ver que, al momento de escribir este artículo, los bancos centrales de 114 países que representan el 95% de la economía global están trabajando en CBDC, que 11 países han lanzado completamente la moneda digital, que todas las economías del G7 ahora han pasado a la etapa de desarrollo de CBDC, y que 18 de los países del G20 se encuentran ahora en una etapa avanzada de desarrollo.

¿Por qué está sucediendo esto ahora a nivel mundial? ¿Es realmente un deseo llevar la "inclusión financiera" a los desfavorecidos?
¿Por qué el Consejo Atlántico, un grupo de expertos en estrategia militar, se centraría en CBDC? Vivimos en una guerra híbrida global, uno de cuyos componentes será el colapso de los sistemas bancario, monetario y de pagos a nivel mundial.

Los objetivos de la guerra se alcanzarán por medios distintos de la guerra cinética. El principal objetivo de quienes han controlado de forma privada los bancos centrales y la creación de dinero, es permanecer en el poder para siempre. No pueden arriesgarse a que haya focos de resistencia.

Agustín Carstens es el director general del Banco Internacional de Pagos (BIS). Veamos algunos comentarios suyos, que se han "viralizado", justo después del minuto veinticuatro en el vídeo del encuentro virtual titulado *Pagos transfronterizos: una visión para el futuro* [48]:

No sabemos. . . quién usa hoy un billete de 100 euros y no sabemos quién usa hoy un billete de 1,000 pesos. La diferencia clave con la CBDC es que el banco central tendrá control absoluto sobre las reglas y regulaciones que determinarán el uso de esa expresión de responsabilidad del banco central, y también tendremos la tecnología para hacerlas cumplir.

En otras palabras: la CBDC significa control absoluto.

Por lo tanto, si el "viejo" sistema monetario colapsa, de alguna manera los bancos centrales proporcionarán dinero nuevo en forma de Moneda Digital del Banco Central (CBDC), el nuevo y mejorado sistema de control.

Hágase una composición de lugar. . . es el caos. Ha perdido todo menos su teléfono inteligente (si no tiene uno, no se preocupe, se le entregará uno). Descargará una aplicación. Hará clic en las casillas aceptando todo. Y se endeudará cada vez más con cada pago que realice utilizando la CBDC que le "dan" en su teléfono. A partir de ese momento se le dirá qué hacer y qué no hacer. Si quiere comer obedecerá.

IX. La gran deflación

> La sabiduría viene sola a través del sufrimiento.
>
> Esquilo

Fui a la Biblioteca Pública de Cleveland y hojeé los viejos libros con gráficos de precios de materias primas y acciones que se remontaban al siglo XIX. Descubrí que, en la década de 1930, todas las materias primas, con la única excepción del oro, tocaron fondo en los mínimos de los sesenta años anteriores. La mayoría de las empresas públicas dejaron de existir. Habían quebrado. Los accionistas fueron fulminados. Los activos fueron tomados por los acreedores protegidos, los bancos seleccionados por el Sistema de la Reserva Federal.

Los niveles de precios no se recuperaron durante décadas.

En 1923, el abuelo Rogers, el cirujano que había estado en la primera unidad médica estadounidense durante la Gran Guerra, compró tres lotes de viviendas en Shaker Heights, un nuevo suburbio exclusivo de Cleveland. Estas propiedades habrían aumentado de valor durante los años 20. En 1929, el mercado de valores se desplomó. Probablemente se alegró mucho de no haber vendido los lotes y no haber puesto el dinero en la bolsa de valores. En 1933, cuando se cerraron los bancos, probablemente se alegró mucho de no haber vendido los lotes y haber depositado el dinero en los bancos. En 1952, tres décadas después, su viuda finalmente vendió los lotes por un tercio de lo que el abuelo Rogers había pagado por ellos en 1923. Esto no se debió a que Shaker Heights estuviera económicamente deprimido en 1952. Shaker Heights, en los años cincuenta y principios de los sesenta, fue, estadísticamente, el suburbio más rico de los Estados Unidos.

En 1905, las instalaciones carboníferas de mi tatarabuelo fueron tasadas por un banco, en 126.000 dólares. En la década de 1920, mi abuelo construyó en la propiedad un moderno edificio industrial con pesados elevadores aéreos, que se convirtió en la sede de Webb Equipment, la empresa de grúas y elevadores. Tras la muerte de mi padre en 1981, esta propiedad, con equipos y materiales, se vendió por menos de 80.000 dólares. Esto fue después de tres cuartos de siglo.

En este artículo de Tom Nicholas y Anna Scherbina, titulado *Precios inmobiliarios durante los locos años veinte y la gran depresión* [49], es una confirmación adicional de la persistencia de la deflación.

Utilizando datos únicos sobre transacciones inmobiliarias, construimos índices de precios hedónicos nominales y ajustados al IPC para Manhattan de 1920 a 1939. El índice ajustado al IPC cae durante la recesión que siguió a la Primera Guerra Mundial, sube a un pico local en 1926 y vuelve a disminuir después de la Colapso de la burbuja inmobiliaria de Florida. Posteriormente se recupera hasta alcanzar su valor más alto a finales de 1929 antes de caer un 74 por ciento a finales de 1932 y mantener ese valor hasta 1939. Una propiedad típica comprada a principios de 1920 habría conservado sólo el 41% de su valor inicial dos décadas después.

¡Y esto era Manhattan!

Tengamos en cuenta que en el período comprendido entre los años 1920 y 1950 (más de tres décadas), hubo poca recuperación de precios a pesar del impulso de una demanda absolutamente masiva a lo largo de esas décadas en los distintos sectores:

- electrificación y todo lo que ella habilita (por ejemplo, refrigeración, electrodomésticos de todo tipo, maquinaria industrial);
- el automóvil y la consiguiente construcción del sistema de carreteras y suburbanización;
- telecomunicaciones (teléfono, radio, televisión);
- transporte aéreo;
- una guerra global, seguida de la carrera armamentista de la Guerra de Corea y la Guerra Fría;
- aumento de la población.

Actualmente no existen tales impulsores de la demanda. Todo lo contrario. La inteligencia artificial (IA) y la robótica son inherentemente deflacionarias. Se nos dice que no se necesita gente. Quizás eso sea un poco deflacionario.

La "inflación" que estamos viendo ahora no se debe a la fortaleza de la economía global. El problema subyacente intratable de nuestro tiempo no es la inflación sino la deflación. La "inflación" es ilusoria; es creado por una devaluación masiva del dinero y una escasez artificial (piense en las implicaciones del sabotaje del Nordstream).

Quizás haya oído hablar de la "burbuja de todo". ¿Qué es? Le explicaré el horror que esto supone. Tomemos el ejemplo de un bono único sin fecha de vencimiento fija, es decir, a perpetuidad. Este bono paga un dividendo fijo anual de $5. Si la tasa de interés del mercado es del 5%, este bono tiene un valor de $100. Si la Reserva Federal reduce las tasas de interés de manera que la tasa de interés de mercado para este bono sea ahora del 1%, ¿qué sucede con el valor de la perpetuidad? El dividendo fijo de 5 dólares permanece sin cambios. Como 5 es el 1% de 500, el valor de la perpetuidad se quintuplica hasta llegar a 500 dólares. Ahora bien, si la Reserva Federal aumenta las tasas de mercado nuevamente al 5%, el valor de la perpetuidad que paga un dividendo fijo de 5 dólares vuelve a 100 dólares y, por lo tanto, hay una disminución del valor del 80%. Son matemáticas básicas.

Todo el complejo financiero global es, esencialmente, una gran perpetuidad, es decir, un instrumento financiero sin fecha de vencimiento fija. Los precios de todos los instrumentos de renta fija están determinados por las tasas de interés, y todos los valores del mercado de valores y de bienes raíces comerciales están impulsados de manera similar.

La Reserva Federal creó la "burbuja de todo" con la justificación de luchar contra la crisis financiera mundial, que, por supuesto, también había creado la Reserva Federal, al reducir la tasa de fondos federales del 5% a casi cero, y mantenerla así durante prácticamente quince años.

La Reserva Federal ahora ha aumentado la tasa de fondos federales desde casi cero en abril de 2022 a más del 5,00% en solo un año.

Está cantado que la caída de los mercados financieros e inmobiliarios globales será masiva. Este pastel está listo. Las ganancias financieras de los últimos 15 años han sido una ilusión. Algunos se consuelan pensando que las pérdidas pueden cubrirse en el mercado de derivados. Si ese es el caso, las pérdidas no desaparecen. Están en el complejo de derivados. Las pérdidas épicas se concentrarán en los balances de las CCP que, como hemos visto, están diseñados para fracasar.

Algunos se consuelan diciendo que la Fed volverá a bajar las tasas cuando se vea obligada a hacerlo. ¿Se ha dado cuenta de que no bajan los tipos a pesar de las primeras quiebras bancarias? Este es sólo el comienzo de tales fracasos, como ilustran las matemáticas básicas explicadas anteriormente. La Reserva Federal está aumentando drásticamente las tasas hasta provocar debilidad económica y una crisis bancaria. Esto es exactamente lo que se hizo durante la Gran Depresión. ¡Y lo hacen con la extraña y cruel justificación de luchar contra el crecimiento salarial!

Cuando la "burbuja de todo" implosione, nos enfrentaremos a una depresión deflacionaria que durará muchos años, incluso décadas. Esta Gran Deflación que se avecina es intrínseca al Gran Saqueo.

Los Arquitectos de este Gran Saqueo lo han planeado y preparado para ir a fondo con esta dinámica, seguros de sus conocimientos que, como la noche sucede al día, habrá una deflación masiva y prolongada tras el épico superciclo de expansión de la deuda que ellos crearon.

Los Arquitectos se han asegurado que solo ellos están en posición de Apropiarse de todo, y de que usted y sus hijos estén al otro lado de la barrera, es decir en el lado en el que uno lo pierde todo, y es esclavizado o incluso destruido por ello. La gente será derribada y no podrá volver a levantarse. Esto es intencional, ya que se ha alentado sistemáticamente a la población a endeudarse profundamente. ¡A quienes los dioses quieren destruir, primero los obligan a pedir prestado a bajos intereses!

Como en la Gran Depresión, una deflación prolongada garantizará que las personas endeudadas no puedan pagar sus plazos y mucho menos pagar la deuda. Quedarán atrapados. Se confiscarán todas las propiedades y negocios financiados con deuda.

Con una deflación profunda y persistente que se prolongará durante muchos años, la deuda se convierte en una poderosa arma de conquista.

La deuda no es algo real. Es una invención, una construcción diseñada para apropiarse de cosas reales.

Es instructivo mirar el significado más profundo de la palabra, *deuda*. Los etimólogos creen que la raíz de la palabra es un antiguo término protoindoeuropea, *ghabh*, que significa dar, retener o recibir. La encontramos, por ejemplo, en el sánscrito, *Gabhasti* (mano, antebrazo); en latín tenemos el término *habere* (tener, retener, poseer); en inglés antiguo *giefan,* o en nórdico antiguo *gefa* (dar), y en el sueco actual *ger* (dado) [50].

Sin embargo, el prefijo latino, de, significa hacer lo contrario, niega la acción de dar, tener o retener (pensemos en la palabra, *descongelar*). Igualmente, según el Diccionario de Etimología en internet [51], la palabra latina *Debere* significa "'deber', originalmente 'mantener algo lejos del alcance de alguien'." En latín medieval, el significado de *habere* tenía que ver con "bienes, capital, inversión" [52].

La conclusión es que la *deuda* ha tenido durante siglos la función de desposeer, de quitarle a alguien propiedades, capitales e inversiones.

Podemos ver claramente en sus preparativos deliberados durante décadas, para un saqueo a *gran escala,* que no habrá condonación de la deuda. Las sociedades antiguas conocían la práctica del *jubileo de la deuda*, es decir, una condonación integral de las deudas; fue promulgada repetidamente en interés del bienestar humano general. Por el momento, no se prevé ninguna condonación de deuda. Pero ¿cuál es el propósito de las organizaciones e instituciones artificiales de la sociedad si no el bienestar humano? ¿Qué debe preocuparnos de manera vital a todos y cada uno de nosotros, sino el bienestar humano?

Los poderes fácticos han diseñado una compleja construcción legal para evitar que los estados individuales ordenen a sus bancos centrales crear el dinero con el fin de proteger a los depositantes. Si se pueden crear muchos trillones para rescatar a los bancos privados, ciertamente se podría hacer lo mismo para rescatar a los depositantes como un imperativo social. Que no se haga es una señal de la verdadera intención: privación y subyugación.

Este "Gran Reinicio" es antihumano. Su objetivo es establecer un sistema algo así como el feudalismo a perpetuidad, en el que la población se mantiene en un estado de privaciones y miedo con la promesa vacía de seguridad. ¡Despierte!

Hemos estado viviendo dentro de un embuste de protección, en el que los "protectores" aterrorizan a los "protegidos". ¡Aquellos que supuestamente nos protegen de los "malos" SON LOS MALOS!

X. Conclusión

> Que cada alma se someta a la autoridad de los poderes superiores. No hay más poder que el de Dios. Los poderes fácticos están ordenados por Dios.
>
> Biblia de Tyndale (1526)

Por el empeño en traducir ciertos textos al inglés de la época, William Tyndale fue encarcelado en un castillo a las afueras de Bruselas y luego ejecutado por estrangulamiento, tras lo cual su cuerpo fue quemado en la hoguera.

Quizás en algún momento uno podría llegar a preguntarse si los "poderes fácticos" están ordenados por Dios. Se puede saber fácilmente que llevan a cabo guerras contra personas inocentes.

Curtis Lemay dijo la famosa frase:

No hay civiles inocentes. Es su gobierno y estás luchando contra un pueblo, ya no estás intentando luchar contra fuerzas armadas. Así que no me molesta mucho estar matando a los llamados transeúntes inocentes.

Como ser humano, ¿no debiera preocuparle esto? ¿Qué parte de la matanza organizada de un gran número de personas inocentes puede usted considerar aceptable? ¿Cree que de alguna manera es usted especial, que hasta ahora ha gozado de protección y que seguirá gozando de ella?

Tenemos sobradas evidencias de un mundo dominado por el mal, tanto en el pasado como en la actualidad. ¿Realmente desea ignorar su existencia y funcionamiento?

Existe una interconexión entre todas las cosas. Si no nos importan las mentiras obvias, las muertes de niños inocentes, los bombardeos de ciudades, la represión de la disidencia, la propaganda, la escalada del terrorismo, en el que, curiosamente, siempre y en todas partes, el objetivo son personas inocentes, tarde o temprano vendrán a por usted, y los suyos, sus hijos o nietos. Si lo sabe y no está haciendo nada al respecto, ni diciendo nada al respecto, es el momento.

Es hora de empezar a atar cabos, porque ellos conducen a usted. Si es usted rico, podría suponer que, debido a que el sistema les ha permitido a los ricos acumular riqueza, estarán protegidos porque de alguna manera son especiales. En efecto, son especiales. Les están dejando a ustedes para el postre.

Se les ha permitido perseguir ganancias mientras que el bienestar y la resiliencia de su pueblo han sido pisoteadas amplia y sistemáticamente. Hay monstruos debajo de las escaleras que se comen viva a la gente. Pero no quiere mirar debajo de las escaleras porque quiere seguir usándolas.

No saber es malo. No querer saber es peor.

La ignorancia voluntaria de la existencia y el funcionamiento del mal es un lujo que ni siquiera los ricos pueden permitirse.

Estamos en las garras del mayor mal al que la humanidad se haya enfrentado jamás (o que quizás se niegue a reconocer). La guerra híbrida es ilimitada. No tiene límites. Es global y está dentro de la cabeza de uno. No tiene fin.

Nada enfoca más la mente que un ahorcamiento inminente, o como dijo originalmente Samuel Johnson: "Esté seguro, señor, cuando un hombre sabe que lo van a colgar en quince días, su mente se concentra maravillosamente". La guerra híbrida se puede detener. Detenerla comienza en su mente, en la mente de cada uno.

Durante la Gran Guerra, Edward L. Bernays había trabajado con el Comité de Información Pública para "vender" la guerra al público. En 1928 publicó su libro *Propaganda* [53], en el que podemos leer este mensaje al respecto:

> *Aquellos que manipulan este mecanismo invisible de la sociedad constituyen un gobierno invisible que es el verdadero poder gobernante de nuestro país.*

La manipulación psicológica sistemática de la sociedad, que comenzó con los males de la Gran Guerra, ha continuado sin parar y ha escalado hasta un punto tal que ahora estamos sujetos a operaciones psicológicas continuas y de espectro completo.

Ochenta y un años después de la publicación del libro de Bernays, Chris Hedges escribió lo siguiente [54, página 51]:

> *Un público que ya no puede distinguir entre verdad y ficción, debe interpretar la realidad a través de la ilusión, de hechos aleatorios u oscuros fragmentos de datos y trivialidades para que refuercen la ilusión y le den credibilidad, o descartarlos si interfieren con el mensaje...*
>
> *Cuando las opiniones no pueden distinguirse de los hechos, cuando no existe una norma universal para determinar la verdad en el derecho, la ciencia, la educación o la información sobre los acontecimientos del día, cuando la habilidad más valorada es la capacidad de entretener, el mundo se convierte en un lugar donde las mentiras se vuelven realidad, donde la gente puede creer lo que quiere creer. Éste es el verdadero peligro de los pseudo-acontecimientos, y éstos son mucho más perniciosos que los estereotipos. No explican la realidad, como intentan hacerlo los estereotipos, sino que la reemplazan. Los pseudo-eventos redefinen la realidad según los parámetros establecidos por sus creadores. Estos creadores, que obtienen enormes beneficios vendiendo ilusiones, tienen un gran interés en mantener las estructuras de poder que controlan a la perfección.*

La gente detrás de las guerras, nunca han sido investigada y destituida del poder. Han seguido controlando todos los bancos centrales y la creación de dinero, y han extendido su control a nivel mundial.

Ciertamente, muchos de los que han instigado esto ignoran el designio mayor. Pero las personas detrás de las guerras son, literalmente, asesinos mentirosos y ladrones, y lo saben. Decir que sobran las evidencias es quedarse corto. Quizás no hayan matado a hombres, mujeres y niños inocentes con sus propias manos, pero sí han causado estas muertes deliberadamente. Saber que esto se hace con intención es fácil. Se ve a través de la persistencia de su planificación y hechos durante muchas décadas. Si bien la escala y la audacia de esta criminalidad nos parecen inimaginables, para ellos nada es inimaginable. Su criminalidad ha alcanzado ahora una escala extrema y sin precedentes, ya que su objetivo es la subyugación del mundo entero y de todos los seres humanos.

Las guerras, de siempre, no han consistido tanto en el pillaje como en someter a las poblaciones de todos los bandos. Todo nivel de destrucción y muerte son aceptables para sus planificadores. Cabría preguntarse: ¿cómo es posible mantener unidas a las personas que planean y ejecutan planes tan demenciales? Sugiero que tiene algo que ver con el poder vinculante de la culpa compartida, del pacto criminal. Todos y cada uno de los perpetradores están vinculados, ya sea explícita o inconscientemente, por pruebas de actos vergonzosos y de traición cometidos contra su propio pueblo. La comisión de delitos es un tótem de poder entre ellos. Cuanto más atroz es el crimen, más poderosa es la fuerza vinculante.

En los últimos años, hemos vivido una guerra híbrida en escalada. A nivel mundial, hemos sido testigos de campañas de propaganda y control mediático abierto; censura, incluidas detenciones de personas que hablan en público; control de todas las comunicaciones electrónicas y rastreo de contactos físicos; requisitos brutales de encierro y enmascaramiento, con personas golpeadas, esposadas y arrestadas, incluso en sus hogares; suspensión de los servicios médicos y debilitamiento de los sistemas de salud; requisitos de pruebas invasivas para mantener el empleo y los viajes; cuarentena forzosa de viajeros; y cuarentena y "vacunación" forzosas de la población general sana.

Los gobiernos abandonaron toda pretensión de democracia y se animaron a practicar un despotismo abierto. No hubo controles de funcionamiento sobre este poder. Los tribunales no proporcionaron ningún recurso efectivo al público.

X Conclusión

Los gobiernos abusaron ampliamente de los derechos humanos fundamentales, utilizando como justificación la necesidad de prevenir la propagación de enfermedades infecciosas, que en realidad son muchísimas, siempre presentes y en continua evolución. Y así, de mantenerse esta justificación, confirmaría el fin de la democracia y la continuación de un gobierno abiertamente despótico.

¿Puede imaginar que esto quizás haya sido algo más que un virus?

Hemos sido testigos de diseños e intentos reales de ejercer control físico sobre el cuerpo de cada persona, a nivel mundial, y aún continúa [55]. ¿Por qué?

Me permitiré hacer una afirmación sorprendente. Esto no se debe a que el poder de control esté aumentando, sino todo lo contrario. Ese poder, de hecho, está colapsando. El "sistema de control" ha entrado en colapso.

Su poder se ha basado en el engaño. Sus dos grandes armas, el dinero y los medios de comunicación, han sido medios de control extremadamente eficientes desde el punto de vista energético. Pero estos poderes están ahora en pleno colapso. Es por eso que han tomado medidas urgentes para implementar medidas de control físico. Sin embargo, el control físico es difícil, peligroso y requiere mucha energía. Y por eso lo están arriesgando todo. Corren el riesgo de ser vistos. ¿No es esto un signo de desesperación?

¿Dónde se esconderán cuando tengan todos los bienes, cuando hayan dañado a toda la humanidad y hayan provocado que miles de millones de personas despierten a través del sufrimiento?

Promueven la creencia de que son todopoderosos. No, no lo son. Lo único que han tenido es el poder de imprimir dinero. El resto, se lo han usurpado a la humanidad.

Nunca antes un sistema había beneficiado a tan pocos a costa de tantos.

¿No es esto inherentemente inestable e insostenible? El control físico, a diferencia del gobierno mediante el engaño, requiere una enorme energía.

¿Se puede sostener ese nivel de engaño mientras se destruyen todas las economías y se abusa de todas las personas a nivel mundial? No saben cómo "reconstruir mejor". Mire su huella en todo el mundo: la destrucción, la devastación económica. Cuando se trata del mundo real, son excepcionalmente buenos en una sola cosa: arruinarlo todo. Luego declaran la victoria y culpan a otros por el terrible daño causado.

Hobbes nos dijo que la guerra es el estado natural del hombre (los patrocinadores de Hobbes eran "nobles"). ¿Pero es la guerra natural e inevitable? ¿Cómo sobrevivió la humanidad? Piénselo. ¿Sobrevivieron los humanos matándose unos a otros? ¡Es un oxímoron! La guerra es aberrante. El 100% de la supervivencia humana se basa en la cooperación. No puedes sobrevivir solo. Dependes de todos los demás y de todo lo demás. Eso es cordura. Esa es la realidad.

Todas las organizaciones que promueven la guerra son organizaciones criminales. Las personas detrás de ellas son asesinos en masa. Los hombres y mujeres que orquestan el caos en un país tras otro son criminales de la peor calaña. Las personas que siguen órdenes no son héroes; son criminales.

Es evidente que las personas que controlan este sistema no son benévolas. No son nobles. No son élite. ¡Están locos!

Son la antítesis de todo lo que podríamos valorar, admirar y amar. Estas personas no representan el desarrollo humano ni el futuro de la humanidad. Carecen de cualidades humanas esenciales. Son aberrantes. La antipatía por la humanidad es aberrante. Durante el 99,99% de la historia de la humanidad, sociópatas como estos no habrían sobrevivido al próximo invierno. Se habría visto su naturaleza y habrían sido excluidos del pueblo, para salvarlo.

Estos sociópatas operan hoy a través del anonimato permitido por la escala inhumana de organización social. Aun así, esto no les permitirá continuar indefinidamente. Hemos entrado en una época en la que se está exponiendo su naturaleza. El conocimiento de su existencia se ha vuelto inevitable. Su aferramiento llegará a su fin, porque toda la humanidad no puede permitir que esto continúe. Una vez que se identifiquen, los humanos se unirán para hacer frente a esta amenaza común. Ya ha ocurrido antes.

Su estructura de poder puede y debe ser desmantelada de forma no violenta. Aún no se conocen los "cerebros". Sin embargo, se pueden identificar los individuos y organizaciones cercanos a las palancas del poder (monetario, mediático, gubernamental, "sanitario", militar, policial, legal, corporativo), que operan con intenciones criminales hacia la masa de la humanidad. Las lealtades de estos funcionarios son inestables y están impulsadas por estrechos intereses propios. Al notificar directa y personalmente a estas personas de que sus acciones están siendo documentadas y sujetas a un proceso penal, es posible que se vean obligadas a rechazar una mayor participación. Este proceso se puede acelerar.

¡No es necesario despertar a la mayoría! No estamos luchando contra el 1%, sino contra el 0,01%. Incluso sin movilizar a la mayoría, es perfectamente posible aprovechar la enorme ventaja de contar con personas inteligentes, capaces y activas. Si las personas detrás de este Gran Saqueo persisten en sus descabellados planes, inevitablemente serán encontradas. Será bastante sencillo seguir el colateral hasta quienes hayan acordado aceptarlo. ¡Quizás no sean tales cerebros después de todo!

Llegaremos a saber quién está detrás de esta guerra híbrida contra los seres humanos.

Llegaremos a saber quién controla el Banco Internacional de Pagos, el Sistema de la Reserva Federal y de todos los bancos centrales a nivel mundial y, por tanto, sabremos quién controla todos los partidos políticos, los gobiernos, los medios de comunicación y las fuerzas armadas.

Llegaremos a saber quién controla la CIA.

Y finalmente sabremos quién ha estado detrás de los asesinatos. Permítame terminar con las propias palabras de John F. Kennedy:

Nuestros problemas son creados por el hombre;
y, por tanto, pueden ser solucionados por el hombre.

Apéndice: Respuesta de la Reserva Federal de Nueva York al cuestionario del Grupo de Seguridad Jurídica de la Comisión Europea

Este apéndice contiene el texto completo de la respuesta de la Reserva Federal de Nueva York al Cuestionario del Grupo de Seguridad Jurídica de la Comisión Europea. La carta de presentación de la respuesta de la Reserva Federal de Nueva York se muestra en la Figura A.1.

Para contexto, consulte el Capítulo III.

FEDERAL RESERVE BANK OF NEW YORK

NEW YORK, N.Y. 10045-0001
TELEPHONE 212 720-5024
FACSIMILE 212 720-1756
JOYCE.HANSEN@NY.FRB.ORG

JOYCE M. HANSEN
DEPUTY GENERAL COUNSEL
AND SENIOR VICE PRESIDENT

March 6, 2006

Mr. Martin Thomas
C107 3/62
Financial Markets Infrastructure Unit
Financial Services Policy and Financial Markets
Internal Market and Services DG
European Commission
B -1049 Brussels
BELGIUM

Dear Martin:

  As we recently discussed on the phone, we have prepared a legal response to the EU Clearing and Settlement Legal Certainty Group Questionnaire. Enclosed you will find our answers. If you have any questions please feel free to contact me at (212) 720-5024 or Jennifer Wolgemuth at (212) 720-6911.

           Sincerely,

           Joyce M. Hansen
           Joyce M. Hansen

Enclosure

Figura A.1 Carta de presentación de la respuesta de la Reserva Federal de Nueva York al cuestionario del Grupo de Seguridad Jurídica de la Comisión Europea. El contenido de dicha respuesta se reproduce íntegramente en este apéndice.

La carta de respuesta de la Reserva Federal de Nueva York cita las preguntas de la CE, a las que luego responde. Las preguntas planteadas por la CE están escritas en cursiva, mientras que las respuestas de la Reserva Federal de Nueva York están escritas en formato vertical. La carta comienza con una cita extensa del cuestionario de la CE, al final del cual se plantea la primera pregunta:

COMISIÓN EUROPEA DG Mercado Interior y Servicios

POLÍTICA DE SERVICIOS FINANCIEROS Y MERCADOS FINANCIEROS
Infraestructura de los mercados financieros

MERCADO/G2/D(2005)

Asunto: Cuestionario del Grupo de Seguridad Jurídica de Compensación y Liquidación de la UE

Proporcione respuestas claras y concisas que especifiquen la situación jurídica existente; si existen puntos de incertidumbre y de qué elementos específicos depende la respuesta dada (por ejemplo, los términos de cualquier contrato relevante).

Es de fundamental importancia en todos los casos aplicables que las respuestas dadas especifiquen de qué manera la respuesta diferiría según el tipo de emisor, el intermediario o el valor.

Cabe señalar que la mayor parte del cuestionario no hace distinción entre (I)CSD y otros intermediarios (en el sentido propuesto a continuación). Las respuestas deben hacer la distinción siempre que sea relevante.

Cuando sea útil, identifique la fuente de la ley (por ejemplo, legislación, regulación, jurisprudencia o doctrina). En el caso de legislación específica para el tema del cuestionario, proporcione copias (o enlaces web).

En este cuestionario, se entenderá por "valores" todos los instrumentos financieros (excluidos los saldos de efectivo a menos que se solicite explícitamente a continuación) que incorporan derechos y que pueden estar sujetos a tenencia y transferencia anotada en cuenta, independientemente de si la tenencia puede caracterizarse como directa. o indirecta.

En este cuestionario, se entenderá por "derechos sobre valores" tanto los derechos que surgen del instrumento contra el emisor o terceros como los derechos o facultades del tenedor con respecto al instrumento como tal, y "derechos sobre valores" se entenderá como sinónimo de "participaciones en valores".

En este cuestionario, se entenderá por "intermediario" cualquier persona o entidad que mantenga posiciones relativas a valores en forma de anotación en cuenta. En este sentido, cabe señalar que el intermediario no excluye a una entidad que mantiene posiciones mediante anotaciones en cuenta para inversores siempre que, según la legislación aplicable, exista una relación directa entre el inversor y el emisor. Por consiguiente, en este cuestionario se entiende por cuentas de valores todas las cuentas mantenidas por intermediarios en las que las posiciones de los clientes relativas a valores se contabilizan mediante anotaciones en cuenta.

Igualmente tome nota de que algunas cuestiones se abordan intencionalmente más de una vez desde diferentes ángulos.

Preguntas

(0) ¿Con respecto a qué sistema jurídico se enmarcan las respuestas dadas?

Esta respuesta se limita al derecho comercial estadounidense, principalmente al Artículo 8, específicamente a la Parte 5 del Artículo 8, y partes del Artículo 9, del Código Uniforme de Comercio ("UCC"); no analiza otras leyes, regulaciones o reglas que puedan afectar significativamente aspectos del sistema de valores mantenidos indirectamente, tales como leyes, regulaciones o reglas de valores, tributarias, contables, bancarias, o cualquier otra ley, regulaciones o reglas. El objeto del artículo 8 es "Valores de inversión" y el del artículo 9 es "Transacciones seguras". Los artículos 8 y 9 han sido adoptados en todos los Estados Unidos. El Tesoro de los Estados Unidos emite valores a través de los Bancos de la Reserva Federal y las personas que poseen dichos valores en los libros de los Bancos de la Reserva lo hacen a través de TRADES. Los reglamentos de TRADES aplican la legislación federal a determinados aspectos de las transacciones a nivel de los Bancos de la Reserva Federal y prevén la aplicación de la legislación sustantiva de la jurisdicción del intermediario de valores (tal como se define en el artículo 8 de la UCC) para las tenencias de valores del Tesoro en los niveles inferiores.

Además, las personas también pueden poseer valores del Tesoro directamente a través de un sistema denominado "Treasury Direct" que no está diseñado para la negociación. Esta respuesta no trata la normativa del Tesoro para TRADES o "Treasury Direct".

Es importante señalar desde el principio que el artículo 8 desempeña un papel limitado en los mercados de valores. El artículo 8 no regula los contratos de compra y venta de valores, los acuerdos de compensación ni regula las relaciones entre las sociedades de compensación, los corredores o intermediarios y sus clientes, excepto en la medida en que dichas entidades actúen como intermediarios de valores. Los artículos 8 y 9 simplemente establecen las reglas para identificar los derechos, intereses, obligaciones y prioridades de los intereses sobre valores, ya sean certificados o no, poseídos directamente o a través de intermediarios. Como se señaló anteriormente, muchas cuestiones importantes relacionadas con los mercados de valores en los Estados Unidos se rigen por las leyes y reglamentos de valores estatales y federales y las leyes y reglamentos bancarios estatales y federales, y están fuera del alcance de la UCC.

I. Contenido y estructura de un sistema jurídico

Aspectos generales

Antes de responder a cualquiera de las preguntas específicas planteadas, es útil preparar el terreno definiendo algunos términos centrales del marco del Artículo 8 para los "valores mantenidos indirectamente": (1) la "cuenta de valores" se establece mediante acuerdo entre un intermediario de valores y su cliente, quienes acuerdan tratar a la persona que mantiene la cuenta en la que se acredita una inversión mantenida indirectamente como autorizada para ejercer los derechos relativos a la inversión; (2) el "intermediario de valores" es una persona que se dedica a mantener cuentas de valores para otros, como un banco o un corredor, y actúa en esa capacidad (a diferencia de, por ejemplo, una parte en una operación); (3) el "activo financiero" es la inversión mantenida indirectamente (definida más específicamente a continuación); (4) el "derecho sobre valores" es el nombre que se le da a los derechos e intereses de propiedad de la persona que posee un activo financiero a través de una cuenta de valores; y (5) un "titular de derechos" es la persona que tiene un derecho sobre un activo financiero frente a su intermediario de valores (el "inversor" o "cliente" en las preguntas). Estos términos se utilizan a lo largo de esta respuesta.

Además, las referencias al Artículo 8 en las respuestas están en la siguiente forma: "8-XXX", siendo XXX la Sección del Artículo 8 a la que se hace referencia.

(1) ¿Qué son los valores? ¿Existe un concepto de valores como el utilizado en la Directiva sobre mercados de instrumentos financieros 2004/39/CE? En caso contrario, describa los conceptos utilizados. ¿Qué distinciones (por ejemplo, al portador, registrado, físico, desmaterializado, anotado en cuenta) se hacen y con qué consecuencias?

Según el artículo 8, un valor es "una obligación de un emisor o una acción, participación u otro interés en un emisor o en una propiedad o una empresa de un emisor: (i) que esté representada por un certificado de valor o al portador o en forma registrada , o cuya transferencia pueda registrarse en libros mantenidos para ese fin por o en nombre del emisor, (ii) que sea de una clase o serie o que por sus términos sea divisible en una clase o serie de acciones, participaciones, intereses o bonos; y (iii) que: (A) es, o sea de un tipo, negociado en bolsas de valores o mercados de valores; o (B) es un medio para la inversión y por sus términos establece expresamente que es un valor regido por el [artículo 8]." 8-102(15).

En el contexto del artículo 8, el término valor no es el único concepto pertinente, ya que cualquier "activo financiero" puede abonarse en una cuenta de valores. Además de los valores, los activos financieros incluyen (1) una obligación de una persona o una acción, participación u otro interés en una persona o en una propiedad o empresa de una persona, que es, o sea de un tipo, negociado o negociado en los mercados financieros, o que es reconocido en cualquier área en la que se emite o negocia como un medio para la inversión o cualquier propiedad que un intermediario de valores acuerde tratar como un activo financiero y (2) la propiedad que un intermediario de valores acuerde tratar como un activo financiero. 8-102(9).

(2) *¿De qué manera se crean y emiten los valores? ¿Qué pasos son necesarios para que los valores (existentes o de nueva emisión) se posean y transfieran válidamente con la participación de intermediarios?*

La emisión de valores no es objeto del Artículo 8. Lo más habitual es que un emisor emita un certificado global a un representante del intermediario de nivel superior, que luego acredita intereses sobre ese valor a cuentas de valores mantenidas en sus libros. Los valores también pueden emitirse íntegramente en forma desmaterializada.

Un titular de derechos puede adquirir un derecho sobre un valor sólo de una de tres maneras: (1) el intermediario de valores acredita un activo financiero a la cuenta de valores del titular de derechos; (2) el intermediario de valores acepta un activo financiero para acreditarlo en la cuenta de valores del titular del derecho; o (3) el intermediario de valores está obligado por ley a acreditar un activo financiero a la cuenta de valores del titular del derecho (un derecho sobre valores implícito en la ley).

Cuentas de valores

(3) ¿Qué es una cuenta de valores? ¿Cuál es su papel y función? ¿Cuáles son las leyes de custodia, comerciales, contables y fiscales pertinentes?

Una cuenta de valores es una cuenta en la que se acredita o puede acreditarse un activo financiero en virtud de un acuerdo en virtud del cual la persona que mantiene la cuenta "se compromete a tratar a la persona para quien se mantiene la cuenta como facultada para ejercer los derechos que componen el activo financiero". activo." 8-501. Cuando un activo financiero ha sido acreditado en una cuenta de valores, una persona adquiere un derecho sobre un título con respecto a ese activo financiero.

(4) ¿Qué valores pueden acreditarse en cuentas de valores? ¿Se puede acreditar efectivo en cuentas de valores y, en caso afirmativo, tiene el titular de la cuenta un derecho de oposición a terceros o únicamente al intermediario? ¿Cuál es la naturaleza de tal derecho?

Como se señaló anteriormente, cualquier "activo financiero" puede acreditarse en una cuenta de valores. El intermediario de valores puede aceptar tratar esencialmente cualquier cosa, incluido el efectivo, acreditada en la cuenta de valores como un activo financiero. Para un análisis de los derechos de los titulares de derechos frente a terceros e intermediarios, consulte la respuesta a la pregunta 7.

(5) ¿Debe el inversionista estar registrado por su nombre en los libros de un intermediario de nivel superior o del emisor?

No y, de hecho, el inversionista final casi nunca figurará por su nombre en los libros de un intermediario de nivel superior o del emisor.

Cuentas nominativas y ómnibus

(6) ¿Pueden acreditarse valores en una cuenta de valores a nombre de una persona o entidad que actúa en nombre de otra (i) cuando no se indica la existencia de la otra y (ii) cuando la existencia, pero no la identidad del otro está indicada? ¿Se puede abrir la cuenta de valores a nombre de la persona o entidad que mantiene la cuenta? ¿Se pueden acreditar valores en una cuenta de valores a nombre de una persona o entidad que actúa en nombre de más de otra, es decir, de manera que esas otras mantengan una posición de valores colectiva, en lugar de posiciones individuales segregadas por persona? ¿Se considera intermediario la persona o entidad a cuyo nombre se acredita la cuenta de valores (si es diferente de la persona o entidad que mantiene la cuenta)? ¿Esa persona o entidad tiene que revelar si actúa en nombre de inversores y, de ser así, sus identidades?

Los valores pueden acreditarse en una cuenta de valores a nombre de una persona o entidad que actúa en nombre de otra, como un fiduciario, agente o asesor de inversiones, cuando no se indica la existencia del otro. Además, un fideicomisario, agente o asesor podrá indicar la calidad en la que actúa sin identificar específicamente los nombres de sus clientes. Un intermediario puede satisfacer su obligación de mantener activos financieros correspondientes a sus derechos sobre valores manteniendo esos activos con uno o más intermediarios de valores y normalmente mantendría esos activos en una posición colectiva. Normalmente, un corredor mantendrá dos cuentas en su banco de compensación, una "cuenta de propiedad" y una "cuenta de cliente". En su cuenta propia, el corredor posee sus propios valores y en su cuenta de cliente mantiene colectivamente valores para sus clientes (sin identificar a los clientes).

Naturaleza de los derechos

(7) ¿Qué derechos surgen cuando los valores se acreditan en cuentas de valores? ¿Existe un régimen específico para establecer estos derechos? ¿Se caracterizan estos derechos como un reclamo, un intangible, un bien mueble o un activo legal nuevo y separado, distinto de los valores subyacentes, que puede ser objeto de derechos de propiedad (por ejemplo, propiedad, garantía real, usufructo) y disposiciones de propiedad (por ejemplo, venta, prenda, préstamo)? ¿Qué obligaciones del inversor pueden surgir igualmente?

El artículo 8 establece los derechos de un titular de derechos sobre los títulos acreditados en su cuenta de valores. Los derechos sobre valores se definen en sentido amplio como los "derechos" e "intereses de propiedad" de un "titular de derechos" especificados en la parte 5 del artículo 8 con respecto a un "activo financiero." Ver 8-102(17).

1. El "interés patrimonial"

El derecho sobre un valor implica un interés de propiedad sobre el activo financiero (a diferencia de los derechos in personam frente al intermediario de valores) sólo en la medida en que incluya derechos sobre el activo financiero oponibles a otras personas. El 8-104(c) limita el interés del titular de un derecho como "comprador" de un activo financiero a los derechos enumerados en 8-503. 8-503(a) establece que los activos financieros en poder de un intermediario de valores "no son propiedad del intermediario de valores" y están exentos de las reclamaciones de los acreedores generales del intermediario de valores (pero no de determinados acreedores protegidos). La subsección establece además que los activos financieros son mantenidos por un intermediario de valores para sus titulares de derechos "en la medida necesaria" para cumplir sus obligaciones con los titulares de derechos. Esta disposición protege al titular de los derechos frente a los acreedores generales del intermediario de valores y, por tanto, le confiere cierto interés patrimonial, **pero no le faculta para hacer valer derechos frente a ninguna persona distinta de su intermediario, salvo en las circunstancias muy limitadas que se describen a continuación.**

8-503(b) describe el interés de propiedad del titular del derecho en un activo financiero como un "interés de propiedad proporcional" en todos los intereses de ese activo financiero en poder del intermediario de valores. Sin embargo, este interés prorrateado en la masa fungible de un activo financiero concreto no es un derecho a un activo específico en poder del intermediario financiero. Ver 8-102, comentario 17. Los redactores consideran que el titular del derecho ha obtenido un interés de propiedad "sólo en el sentido de que, en virtud del artículo 8-503, un derecho de garantía se trata como una forma sui generis de interés de propiedad". Ver 8-104, comentario 2.

En virtud del apartado 8-503(c), la ejecución de ese derecho de propiedad frente al intermediario de valores se limita a los derechos enumerados en los apartados 8-505 a 8-508.

(Estos apartados se describen a abajo). (Éstos se tratan más adelante en el análisis de los "derechos" contra el intermediario de valores).

2. Los "derechos"

a. "derechos" frente a terceros

El artículo 8 otorga al titular de los derechos unos derechos limitados
sobre el activo financiero frente a personas distintas de su intermediario diario de valores. El titular del derecho no tiene capacidad para ejercer derechos económicos o de otro tipo sobre el activo financiero directamente contra el emisor; sin embargo, el intermediario de valores tiene la obligación de obtener y transmitir esos derechos económicos al titular del derecho y de ejercer derechos de propiedad en nombre del titular del derecho, como se describe más adelante. La parte 5 del artículo 8 sólo enumera intereses patrimoniales limitados oponibles a los "compradores" (término que,

según la definición del artículo 1-201(33) del UCC, incluye básicamente a cualquier receptor de una transferencia voluntaria, incluso una parte garantizada, que podría ser un intermediario de nivel superior) y no describe ningún derecho frente al emisor de los activos financieros. Ver 8-102, comentario 17.

Gran parte del sistema de tenencia indirecta implica al menos dos niveles de intermediarios de valores (lo que significa que el activo financiero es un derecho sobre valores). El artículo 8 no confiere al titular de un derecho ningún derecho frente a un intermediario de nivel superior, salvo en los casos que se describen a continuación.

El artículo 8 sí incluye los derechos de un titular de derechos frente a los compradores de un activo financiero subyacente a un derecho de garantía, pero sólo en "circunstancias extremadamente inusuales." Ver 8-503, comentario 2. Tal circunstancia se produce cuando se cumplen todas y cada una de las siguientes condiciones: En primer lugar, el intermediario de valores está sujeto a un procedimiento de insolvencia. Para que el titular de los derechos pueda ejercerlos contra el comprador, el administrador del procedimiento de insolvencia del intermediario de valores debe haber optado por no ejercerlos.

En segundo lugar, el intermediario de valores no dispone de activos financieros suficientes para hacer frente a sus obligaciones de cara a los titulares de derechos. En tercer lugar, la transferencia del activo financiero a ese comprador concreto incumplió la obligación del intermediario de valores de mantener intereses suficientes en el activo financiero. En cuarto lugar, el comprador no tiene derecho a protección en virtud del artículo 8-503(e). El artículo 8-503(e) protege a cualquier comprador que haya dado valor al activo financiero y haya conservado el control del mismo frente a cualquier acción basada en el interés de propiedad del titular del derecho, a menos que dicho comprador haya actuado en connivencia con el intermediario de valores para incumplir sus obligaciones con el titular del derecho. La gran mayoría de los compradores pueden acogerse a esta protección

a. "Derechos" contra su intermediario de valores

El artículo 8 confiere al titular de los derechos una serie de derechos específicos frente a su intermediario de valores. Los derechos que un titular de derechos puede hacer valer contra el intermediario de valores se limitan a la ejecución de las obligaciones del intermediario de valores con arreglo al artículo 8. Existen ocho obligaciones legales, enumeradas a continuación de la (1) a la (8). Existen ocho obligaciones legales, enumeradas a continuación del (1) al (8).

I. Obligaciones legales

El primer conjunto de obligaciones se refiere a la recepción por parte del titular de los derechos económicos y corporativos que componen el activo financiero. Un intermediario de valores debe actuar (1) para obtener un pago o distribución efectuado por el emisor de un activo financiero. 8-505(a). Esto va acompañado de una obligación casi absoluta (sujeta a compensación o reconvención) para el titular de los derechos (2) de repercutir los pagos o distribuciones efectuados por el emisor de un activo financiero y recibidos por el intermediario de valores. 8-505(b). (Obsérvese que la obligación de repercutir los beneficios económicos del activo financiero es la única obligación de un intermediario de valores que no está sujeta a limitación por acuerdo o por una norma de razonabilidad comercial. 8-505(b).) El intermediario de valores está obligado (3) a ejercer los derechos de propiedad con respecto al activo financiero en nombre del titular de los derechos; estos derechos abarcan aspectos como los derechos de voto, los derechos de conversión, los derechos a exigir el pago de un instrumento que sea un activo financiero y los derechos a exigir el cumplimiento de obligaciones legales. 8-506, comentarios 3-4.

El segundo conjunto de obligaciones se refiere a proteger al titular del derecho del riesgo financiero del intermediario de valores. El intermediario de valores debe (4) obtener y mantener rápidamente cantidades suficientes del activo financiero para satisfacer las reclamaciones de sus titulares de derechos. 8-504(a). La única excepción a este requisito es para "una sociedad de compensación que sea en sí misma deudora de una opción". 8-504(d). El intermediario de valores también tiene la obligación de no (5) otorgar garantías reales sobre los activos financieros mantenidos para los titulares de derechos sin acuerdo. 8-504(b).

Las tres obligaciones finales se relacionan con el cumplimiento de las órdenes o instrucciones del titular del derecho. Una "orden de derecho" ordena al intermediario de valores

"transferir o [redimir] un activo financiero sobre el cual el titular del derecho tiene derecho a un valor". 8-102(a)(8). La orden de titularidad sólo dirige la transferencia; no es una orden de venta del activo financiero.

El intermediario de valores debe (6) cumplir una orden de habilitación, si la origina el titular de la habilitación y el intermediario de valores tiene (1) una oportunidad razonable de asegurarse de su autenticidad y genuinidad y (2) una oportunidad razonable de cumplirla. 8-507(a). Si el intermediario de valores actúa sobre la base de una orden de adquisición de derechos ineficaz, debe (7) restablecer un derecho sobre el valor y abonar o acreditar cualquier distribución o pago no recibido como resultado de una transferencia ilícita. 8-507(b). Si el intermediario de valores no restablece el derecho de garantía, será responsable de los daños y perjuicios. 8-507(b). Por último, el intermediario de valores tiene la obligación (8) de "actuar a instancias del titular de un derecho para cambiar un derecho sobre un valor por otra forma de tenencia disponible a la que pueda optar el titular del derecho, o para hacer que el activo financiero se transfiera a una cuenta de valores del titular del derecho en otro intermediario de valores". 8-508.

ii. Normas de conducta

Un intermediario de valores satisface las obligaciones que le impone el artículo 8 cumpliendo otros requisitos legales, actuando con la diligencia debida conforme a normas comerciales razonables o desempeñando sus funciones según lo especificado en un acuerdo. 8- 504(c)(1)-(2); 8-505(a)(1)-(2); 8-506(1)-(2); 8-507(a)(1)-(2); 8-508(a)(1)-(2); 8-509.

El cumplimiento por parte de un intermediario de valores de otra ley, reglamento o norma satisface esta obligación del artículo 8 si la esencia de la obligación es objeto de ese otro requisito legal. 8-509(a). En la medida en que no esté contemplado en la ley, reglamento, norma o acuerdo de las partes, las obligaciones deben cumplirse y los derechos deben ejercerse de "manera comercialmente razonable". 8-509(b).

Un intermediario de valores puede retener el cumplimiento de sus obligaciones debido al incumplimiento de las obligaciones que el titular del derecho tiene con el intermediario de valores. 8-509(c). Este derecho a retener el cumplimiento puede derivarse de una garantía real, en virtud de un acuerdo de garantía con el titular del derecho o de otro modo, o en virtud de otra ley o acuerdo. 8-509(c).

(8) ¿Cuál es la posición jurídica del intermediario con respecto a los valores abonados en la cuenta de valores de un inversor?

Como se ha indicado anteriormente, en la medida en que sea necesario para satisfacer los derechos sobre valores con respecto a un activo financiero, los intereses que el intermediario posea sobre dicho activo financiero se mantienen para los titulares de los derechos y no son propiedad del intermediario de valores. Por lo tanto, el intermediario de valores no es "propietario" de los activos financieros abonados en las cuentas de valores mantenidas en sus libros, aunque pueda figurar en los libros del emisor o de su agente de transferencias como titular registrado o tener un derecho de valor (o ser inversor o agente de transferencias). (o ser un inversor/titular de cuenta) con respecto a un intermediario de nivel superior. El intermediario de valores puede tener un derecho de garantía sobre esos activos financieros, si concedió crédito al titular del derecho para adquirir dichos activos financieros o si ha obtenido de otro modo el acuerdo del titular del derecho de que esos activos financieros garantizaban otras obligaciones que el titular del derecho debe al intermediario de valores.

(9) ¿Existe alguna distinción entre (i) los derechos derivados de los valores frente al emisor y (ii) los derechos relativos a la tenencia del valor?

Sí. Si uno posee valores indirectamente a través de un intermediario de valores como un derecho sobre valores en lugar de hacerlo directamente, los derechos específicos que tiene el tenedor se describen y determinan en la Parte V de los Artículos 8-505 a 508. No hay ejercicio directo de derechos contra el emisor. Sin embargo, el emisor no puede oponer al titular del derecho ninguna defensa que no pudiera oponer al titular del derecho si éste poseyera directamente el valor.

(10) Cuando los valores se mantienen de forma mancomunada (por ejemplo, una posición de valores colectiva, en lugar de posiciones individuales segregadas por persona), ¿tiene el inversor derechos relacionados con valores concretos del conjunto?

No. El tenedor de derechos sobre valores no tiene derechos vinculados a valores concretos mancomunados, sino que tiene una participación proporcional de los intereses en el activo financiero que poseen sus valores intermedios hasta la cantidad necesaria para satisfacer los créditos agregados de los tenedores de derechos en esa emisión. Esto es así incluso si las posiciones de los inversores están "segregadas".

(11) ¿De qué manera adquiere, el inversor, derechos sobre los valores abonados en su cuenta de valores (es decir, el derecho del cesionario sobre los valores se deriva del derecho del cedente o se crea originalmente en el momento del abono a su favor)?

El inversor adquiere derechos con respecto a los activos financieros abonados en su cuenta de valores en el momento en que se efectúa el abono (es decir, se crea el derecho de valor). 8-501(b)(1). Igualmente, el inversor también puede adquirir tales derechos cuando un intermediario de valores recibe un activo financiero del inversor o adquiere un activo financiero para el inversor y, en ambos casos, acepta dicho activo financiero para su abono en la cuenta del inversor. 8-501(b)(2). Por último, el inversor puede adquirir tales derechos cuando el intermediario de valores esté obligado por otra ley, reglamento o norma a abonar un activo financiero en la cuenta de valores del inversor. 8-501(b)(3).

(12) ¿Qué efectos jurídicos se derivan de un pago en una cuenta de valores (por ejemplo, anotación en cuenta como elemento que confiere o evidencia la raíz del título, anotación en cuenta como sustitución de la posesión del documento de titularidad, anotación en cuenta como elemento esencial para ejercer los derechos vinculados a los valores, otros derechos u obligaciones)? Por favor, distinguir los efectos jurídicos frente a (i) el emisor, (ii) el intermediario, (iii) un intermediario (o intermediarios) de nivel superior o (iv) terceros?

El tenedor tiene los derechos explicados anteriormente en la respuesta a la pregunta 7 frente a su intermediario de valores y frente a terceros. El titular obtiene sus derechos económicos y otros derechos de propiedad sobre el activo financiero a través de su intermediario. Los derechos del titular del derecho son válidos frente a terceros a menos que haya concedido una garantía real o haya adquirido el derecho con notificación de un crédito adverso (véanse también las respuestas a las preguntas 23-25).

(13) ¿Tiene el inversor derecho de compensación o derechos netos frente al intermediario en relación con valores con obligaciones que el inversor pueda tener frente al intermediario?

El artículo 8 no otorgaría al inversor estos derechos, y parece inusual que un contrato de cuenta prevea este derecho.

(14) ¿Tiene el intermediario derecho a compensar u obligaciones netas frente al inversor con respecto a valores con derechos que el intermediario pudiera tener frente al inversor? ¿Puede modificarse este derecho mediante contrato?

El artículo 8 no concede al intermediario estos derechos. Los contratos de cuentas de valores suelen otorgar al intermediario de valores un derecho de garantía sobre el contenido de una cuenta de valores con respecto al crédito concedido al cliente por su intermediario. Además, un intermediario de valores tiene un derecho de retención automático y perfeccionado sobre los valores que los titulares de derechos hayan adquirido con el crédito concedido por el intermediario de valores. 9-206(a), (b); 9-328(3).

(15) ¿Está protegido el inversor frente a la insolvencia de un intermediario y, en caso afirmativo, cómo? ¿Tiene que recurrir el inversor a la intervención de un tribunal o de un liquidador? ¿En qué difiere la respuesta si la insolvencia es de un intermediario de nivel superior?

En virtud del artículo 8, un inversor está protegido frente a la insolvencia de su intermediario de valores en la medida en que los derechos sobre valores abonados en la cuenta de valores del inversor no formen parte de la masa de la quiebra del intermediario de valores (e igualmente, un inversor está protegido frente a la insolvencia de un intermediario de nivel superior). Sin embargo, un inversor siempre es vulnerable a un intermediario de valores que no tenga intereses en un activo financiero suficientes para cubrir todos los derechos sobre valores que ha creado en ese activo financiero. Esto se ilustra mejor con un ejemplo:

> si un intermediario de valores (SI) se vuelve insolvente y se descubre que como tal, creó derechos de valores totales sobre 500 acciones de la Compañía X en las cuentas de valores de 5 titulares de derechos (10 acciones cada uno) en sus libros, pero que además tenía un derecho de garantía de sólo 100 acciones de la empresa X en los libros de un intermediario de valores de nivel superior..., según el artículo 8, cada titular del derecho que posea a través del intermediario de valores, sólo obtendría 20 acciones de la empresa X, es decir, su parte prorrateada de la participación del intermediario de valores en la empresa X (El plan de distribución de insolvencia del artículo 8 no se aplica a todos los intermediarios de valores insolventes, y otros planes de distribución de insolvencia aplicables a algunos tipos de intermediarios de valores podrían requerir resultados diferentes.)

Los intereses de un titular de derechos sobre los activos financieros prevalecen sobre los intereses de cualquiera de los acreedores del intermediario de valores que tengan un interés de garantía sobre el mismo activo financiero. 8-511(a). Obsérvese que esta regla tiene dos excepciones. Si el acreedor garantizado tiene el "control" sobre el activo financiero, tendrá prioridad sobre los titulares de derechos de garantía con respecto a dicho activo financiero. 8-511(b). Si el intermediario de valores es una sociedad de compensación, los créditos de sus acreedores tendrán prioridad sobre los créditos de los titulares de derechos. 8-511(c). (Esta segunda excepción tiene por objeto permitir la financiación garantizada que contribuye a las actividades de liquidación de las sociedades de compensación).

La protección limitada del artículo 8 para los inversores "se basa en la opinión de que la importante política de proteger a los inversores contra el riesgo de conducta ilícita por parte de sus intermediarios está suficientemente tratada por otras leyes". 8-511, comentario 2. La "otra legislación" incluye, la legislación bancaria federal y estatal y la legislación federal sobre valores, que exigen que un intermediario de valores contabilice de forma separada los valores de los clientes y los valores propios, y la Ley de protección del inversor en valores, que protege a los inversores contra pérdidas de hasta 500.000 dólares por efectivo y valores (de los cuales sólo 100.000 dólares pueden ser para reembolsar reclamaciones en efectivo) mantenidos en empresas que son miembros de la Securities Investor Protection Corporation (como todas las empresas de valores que también están obligadas a registrarse como corredores-agentes).

(16) ¿Qué responsabilidad tiene el intermediario (i) frente a los intermediarios de nivel superior o (ii) otros terceros en los que pueda confiar para el desempeño de sus funciones? ¿Puede modificarse dicha responsabilidad mediante contrato?

Un intermediario de valores tiene la obligación, en virtud del artículo 8, de obtener y mantener cantidades suficientes de activos financieros para satisfacer las reclamaciones de sus titulares de derechos. 8-504(a). En el cumplimiento de esa obligación, el intermediario de valores debe (1) actuar con respecto a la obligación según lo acordado por el titular de derechos y el intermediario de valores o (2) a falta de acuerdo, actuar con la diligencia debida de conformidad con normas comerciales razonables. 8-504(c). Aunque la norma puede especificarse también mediante acuerdo, los comentarios oficiales al artículo 8-504 y al artículo 1-302(b) del UCC establecen que no puede renunciarse a la obligación. Además, los comentarios oficiales indican específicamente que el deber de diligencia se aplica en la selección del propio intermediario, o intermediarios de valores a través de los cuales el intermediario mantiene activos financieros. Para determinar si se cumple o no, el deber en la selección del propio intermediario con respecto del intermediario de valores cuando posee activos financieros para satisfacer las reclamaciones de sus propios titulares de derechos, se tiene en cuenta en parte la costumbre y la práctica, y si el intermediario tiene poca o ninguna opción en la elección, o selección del intermediario. lo que puede ocurrir cuando se mantienen valores extranjeros en una cuenta de valores.

La interacción entre los deberes legales y las disposiciones del acuerdo entre el intermediario de valores y su cliente es compleja y llena de matices. Tenga en cuenta que los comentarios oficiales a la Sección 8-504 son bastante extensos y evidencian un gran interés en los muchos riesgos que un intermediario de valores puede asumir, particularmente con respecto a valores extranjeros y custodios extranjeros. Esta es un área que está fuertemente regulada y el cumplimiento de un deber regulatorio constituye el cumplimiento de la esencia de un deber (impuesto en 8-504 a 8-508) según 8-509(a).

Transferencia de valores

(17) ¿Qué pasos son necesarios para que se transfieran los valores? Por favor, detalle los pasos operativos y legales. ¿Estos pasos difieren en cuanto a la eficacia entre las partes de la transferencia y frente a terceros (por ejemplo, requisitos de perfección)?

Una transferencia de un interés en valores generalmente requiere un acuerdo entre el cesionario y el cedente, aunque para una venta no se requiere un escrito, para un compromiso se requiere algunas veces un escrito, pero no siempre. Una transferencia entre esas partes puede ser "efectiva" sin que se produzcan los pasos que se describen a continuación, aunque los derechos y las vulnerabilidades de las partes respectivas frente a muchos terceros, incluidos sus respectivos intermediarios de valores, se verán afectados si no se han realizado esos pasos.

En el sistema de tenencia indirecta, los derechos sobre valores se crean y se extinguen, lo que logra la liquidación de transacciones de valores, de manera muy similar a un pago de dinero bancario.

Desde el punto de vista operativo, la Parte A, que tiene una cuenta de valores en el Intermediario de Valores X que contiene un derecho sobre el Valor I, podría ordenar a su Intermediario de Valores X transferir o entregar el Valor I a la Parte B, que también tiene una cuenta de valores en el Intermediario de Valores X. El Intermediario de Valores X creará simultáneamente un derecho sobre el Valor I en la cuenta de valores de la Parte B y extinguirá el derecho sobre el Valor I en Cuenta de valores de la parte A.

(18) ¿Cuál es el objeto de la transferencia de valores (por ejemplo, un crédito contra el intermediario, un derecho sui generis, el valor en sí)?

No hay ningún "objeto" que se transfiera. Se crea un derecho sobre un título y normalmente se extingue simultáneamente otro derecho sobre un título. Un derecho sobre valores comprende los derechos e intereses explicados en la respuesta a la pregunta 7.

(19) ¿Exactamente en qué momento o momentos el cesionario adquiere derechos y a qué? ¿En qué momento o momentos el cedente queda desposeído de sus derechos?

Estos derechos están determinados en su mayoría por las reglas del sistema, que están fuera del alcance del artículo 8. En lo que respecta al artículo 8, los intereses y derechos descritos en la respuesta a la pregunta 7 están relacionados con el momento en que el derecho sobre el valor es creado /extinguido.

(20) ¿Qué conceptos de finalidad (por ejemplo, incondicionalidad, irrevocabilidad, ejecutabilidad) se aplican a las transferencias de valores? ¿Algún concepto de este tipo es elegido por un intermediario o impuesto por la ley? ¿Se relacionan con las órdenes de

transferencia, la liquidación, la transmisión del título o propiedad, el cumplimiento de las obligaciones subyacentes, u otros?

Los conceptos de finalidad no se abordan en el Artículo 8. La finalidad puede estar sujeta a las reglas de cualquier intermediario de valores o cámara de compensación u otra ley o reglamento. Sin embargo, las normas del artículo 8 en general y, en particular, las normas sobre reclamaciones adversas contribuyen a la certeza de los derechos sobre los activos financieros y los derechos sobre los mismos.

(18) ¿Cuál sería el efecto sobre los conceptos de firmeza de cada uno de (i) una revocación de instrucciones de transferencia, (ii) el cargo de provisiones provisionales? o créditos erróneos; (iii) desafíos de insolvencia, (iv) fraude? ¿Existen reglas específicas relacionadas con asientos erróneos en cuentas?

Ver respuesta a la pregunta 20.

(19) ¿Existen normas específicas relativas a las transferencias condicionales de derechos, es decir, normas que especifiquen que las transferencias de valores se consideran condicionales y que permitirían el (re)débito o la reversión y, en caso afirmativo, en qué circunstancias? ¿Qué posición tiene el inversor receptor como consecuencia de dichos créditos?

Ver respuesta a la pregunta 20.

Prioridades

(20) ¿Qué reglas se aplican cuando (i) se presentan reclamaciones concurrentes contra el intermediario; (ii) ¿se presentan reclamaciones contrapuestas, respectivamente, contra el intermediario y un intermediario de nivel superior?

El titular de derechos que reclame un interés en un activo financiero acreditado en su cuenta de valores mantenida con un intermediario de valores lo compartirá prorrateadamente con otros titulares de derechos que reclamen intereses en el mismo activo financiero acreditado en sus cuentas de valores en el intermediario de valores. La participación prorrateada será una parte del interés total del propio intermediario de valores en el activo financiero en cuestión. 8-511(a). Ese crédito tendrá prioridad sobre los créditos de otros acreedores del intermediario de valores, salvo algunas excepciones, que se explican con más detalle en la respuesta a la pregunta 25.

Entre las partes con un derecho de garantía sobre un activo financiero abonado en una cuenta de valores, la parte que haya perfeccionado su derecho de garantía mediante control se impondrá a la parte que haya perfeccionado su derecho de garantía mediante presentación. Se aplican normas especiales cuando el acreedor que hace valer esa garantía real es el intermediario de valores, el intermediario de valores del intermediario de valores o una sociedad de compensación, que se analizan con más detalle en la respuesta a la pregunta 15. Tenga en cuenta que Charles Mooney ha proporcionado respuestas adicionales a esta pregunta y a las preguntas 24-25 y 29-33.

(24) ¿Qué normas protegen a un cesionario que actúa de buena fe (el "comprador de buena fe")? ¿Cuáles son los límites de la protección de buena fe?

El artículo 8 incluye tres normas específicas para proteger a los compradores: una de ellas protege al titular del derecho frente a reclamaciones adversas presentadas contra él en relación con el activo financiero si el titular del derecho adquirió el derecho de garantía por su valor y sin notificación de las reclamaciones adversas. 8-502. (Obsérvese que el artículo 8-116 puede convertir al intermediario de valores en "comprador a título oneroso" del activo financiero. Así, el intermediario de valores tiene los derechos de un comprador cuando necesita hacer valer esos derechos frente a terceros). La segunda norma protege igualmente frente a reclamaciones adversas a una persona que haya comprado un activo financiero o un derecho sobre un valor a un titular de derechos si el comprador dio valor, no tuvo conocimiento de la reclamación adversa y obtuvo el control del derecho sobre el valor. 8-510(a). La tercera norma protege al comprador de un activo financiero frente a las reclamaciones de un titular de un derecho de propiedad sobre ese activo financiero, limitando la capacidad del titular del derecho de hacer valer esa reclamación frente al comprador a aquellos casos en los que: (i) el intermediario de valores sea insolvente, (ii) el intermediario de valores no tenga suficientes derechos sobre el activo financiero para satisfacer los derechos de garantía de todos sus titulares sobre dicho activo, (iii) el intermediario de valores incumplió su obligación de mantener intereses suficientes en el activo financiero al transferirlo al comprador, y (iv) el comprador (a) no dio valor, (b) no obtuvo el control, o (c) actuó en connivencia con el intermediario de valores en su incumplimiento de la obligación de mantener suficientes activos financieros para satisfacer todos los derechos de garantía de sus tenedores sobre dicho activo financiero. 8-503(d). Esencialmente, a menos que el comprador haya participado en la conducta indebida del intermediario de valores, un titular de derechos no podrá presentar una reclamación contra él.

(25) ¿Existen normas sobre gravámenes de intermediarios sobre las cuentas de valores de los inversores? Si es así, ¿cuáles son y son obligatorias?

Un intermediario de valores no puede conceder una garantía real sobre un activo financiero que deba mantener para satisfacer todas las reclamaciones de sus clientes sobre ese activo financiero, salvo con el acuerdo del cliente en cuestión.

Un intermediario de valores que haya concedido un crédito a un titular de derechos para adquirir un activo financiero mantenido por un titular de derechos en una cuenta de valores mantenida en ese intermediario de valores tiene un derecho de retención legal sobre esos activos financieros, y ese derecho de retención tiene prioridad sobre todos los demás derechos de retención. 9-206(a), (b); 9-328(3). Un intermediario de valores también puede, mediante acuerdo con el titular del derecho, tener un derecho de garantía sobre los activos financieros abonados en la cuenta de valores del titular del derecho para garantizar las obligaciones que el titular del derecho pueda deber al intermediario de valores.

Reclamación a nivel superior

(26) ¿Puede el inversor hacer valer sus derechos contra un intermediario de nivel superior (i) normalmente, (ii) en caso de incumplimiento del deber por parte del intermediario, (iii) en caso de incumplimiento del deber por parte del intermediario de nivel superior, (iv) si se trata de insolvencia y no de incumplimiento de deber?

Generalmente no. El inversor no tiene derechos en virtud del artículo 8 contra un intermediario de nivel superior, como intermediario de nivel superior per se. El inversor puede tener derechos contra un intermediario de nivel superior en la medida en que haya conspirado con su intermediario de valores y violar así las obligaciones del intermediario de valores para con los titulares de derechos y ciertas otras condiciones, detalladas en la respuesta a la pregunta 24. 8-503(d).

(27) ¿En qué circunstancias (i) un acreedor y (ii) un tercero no acreedor (como un liquidador) del inversor pueden reclamar valores de un intermediario de nivel superior?

El artículo 8-112 explica dónde se puede presentar la reclamación de un acreedor contra los derechos de un titular de derechos: únicamente mediante un proceso legal contra el intermediario de valores del titular de derechos. El proceso dirigido a un intermediario de nivel superior será ineficaz. (Si el interés del deudor al que reclama el acreedor se encuentra en un derecho de garantía mantenido a nombre de una parte garantizada, el acreedor podrá alcanzar dicho interés mediante un proceso legal contra la parte asegurada 8-112(d).) En virtud del artículo 8, un acreedor o un tercero, como un acreedor hipotecario de un inversor, podría reclamar activos financieros contra un intermediario de nivel superior en las circunstancias previstas en el artículo 8-503(d), detalladas en la respuesta a la pregunta 24.

(28) ¿En qué circunstancias (i) un acreedor y (ii) un tercero no acreedor (como un liquidador) del intermediario pueden reclamar valores de un intermediario de nivel superior?

Esta respuesta supone que la pregunta se refiere a un intermediario de nivel superior del propio intermediario de valores. El artículo 8-112 explica dónde se puede presentar la reclamación de un acreedor contra el derecho a la titularidad de un título: únicamente mediante un procedimiento judicial contra el intermediario de valores del titular del derecho (en este caso, el intermediario de valores). El proceso dirigido a un intermediario de nivel superior será ineficaz. (Si el interés del deudor que reclama el acreedor se encuentra en un derecho de garantía mantenido a nombre de una parte garantizada, el acreedor podrá alcanzar dicho interés mediante un proceso legal sobre la parte garantizada. 8-112(d).) Obsérvese que los activos embargables de un intermediario de valores son netos de los activos financieros que se considera que no son propiedad del intermediario de valores (es decir, los activos financieros propios). En virtud del artículo 8, un acreedor o un tercero, como el liquidador de un intermediario de valores, podría reclamar activos financieros contra un intermediario de nivel superior en las circunstancias previstas en 8-503(d), detalladas en la respuesta a la pregunta 24.

Déficits

(29) ¿Es posible un déficit (es decir, que la posición del intermediario con un intermediario de nivel superior sea inferior a la posición agregada registrada de los titulares de cuentas del intermediario) a nivel del intermediario? ¿Qué normas se aplican para resolver la diferencia de posiciones resultante? ¿Existen normas sobre cómo tratar tal situación desde un punto de vista contable (por ejemplo, mediante un saldo deudor provisional de valores)? ¿Cómo se gestionan en la práctica los déficits?

En los términos generales del artículo 8, no debe producirse un déficit. Un intermediario de valores no puede crear derechos de garantía superiores a sus intereses en un valor concreto. 8-504. Un intermediario de valores podría obviamente incumplir este requisito. La única regla en estos casos es que los titulares de derechos sobre valores simplemente compartan a prorrata los intereses que posee el intermediario de valores. Esta norma se aplica a todos los niveles. Es decir, las participaciones de cada intermediario de valores que posea un derecho sobre valores a través de un intermediario de nivel superior se reducirán a su parte proporcional de las participaciones del intermediario de valores de nivel superior. A su vez, cada titular de un derecho a través de uno de esos intermediarios de valores verá reducidas sus participaciones a la parte proporcional de las participaciones de su intermediario de valores.

Esta regla de no déficit es un requisito general que se trata con más detalle en otras leyes regulatorias, cuyo cumplimiento constituye el cumplimiento de la Sección antes mencionada del Artículo 8. 8-509(a). En determinadas circunstancias, esas normas permiten déficits temporales. Por ejemplo, en el caso de quiebras a una empresa se le concede un cierto período de tiempo para cubrir cualquier déficit resultante antes de que se le exija obtener los valores necesarios de alguna otra fuente. En realidad, los déficits se producen frecuentemente debido a fallos y por otras razones, pero no tienen consecuencias generales excepto en el caso de insolvencia del intermediario de valores.

(30) ¿Qué deber tiene el intermediario de evitar déficits?

Véase la respuesta a la pregunta 29. El artículo 8 exige que un intermediario de valores mantenga un activo financiero en cantidades al menos iguales a los derechos sobre valores que haya establecido a favor de los titulares de derechos. 8-504(a). El artículo 8 permite que este deber se cumpla mediante el cumplimiento de otra ley aplicable. 8-509(a).

(31) ¿Difiere el tratamiento de las deficiencias según si (i) no hay culpa por parte del intermediario, (ii) si hay culpa, fraude o (iii) si hay culpa, negligencia o incumplimiento similar del deber? ¿El tratamiento de los déficits difiere según si el intermediario es solvente o insolvente?

Como se ha señalado anteriormente, un intermediario de valores tiene el deber, en virtud del artículo 8 (este deber puede verse afectado por otras leyes o reglamentos), de no crear derechos de garantía superiores a sus intereses en un valor concreto. El incumplimiento de este deber (o de otras leyes o reglamentos aplicables) puede dar lugar a diversas sanciones u otras responsabilidades del intermediario de valores. En cuanto al interés que los titulares de los derechos tienen en los activos financieros abonados en su cuenta de valores: independientemente de la culpa, fraude o negligencia del intermediario de valores, en virtud del artículo 8, el titular de los derechos sólo tiene una participación proporcional en el interés del intermediario de valores en el activo financiero en cuestión. Los titulares de derechos pueden tener otras reclamaciones contra el intermediario de valores (por ejemplo, daños y perjuicios por incumplimiento del artículo 8 u otra obligación aplicable). Esto tiene poca importancia en ausencia de insolvencia del intermediario de valores. En el régimen de insolvencia del artículo 8, también se aplica el análisis de prorrateo, pero otros regímenes de insolvencia u otros regímenes normativos pueden prevalecer sobre el artículo 8, lo que llevaría a un resultado diferente. Además, hay que tener en cuenta que la colusión del intermediario de valores con un tercero comprador podría dar al cliente derechos frente a ese comprador. Véase la respuesta a la pregunta 24.

(32) ¿Se puede excluir o reducir contractualmente la responsabilidad del intermediario por negligencia o comportamiento intencional (por ejemplo, de sus empleados)?

Esto no se aborda en el Artículo 8, salvo lo que se analiza en la respuesta a la pregunta 7, en la parte 2.b.ii. Generalmente, las partes pueden contratar el estándar de atención. La medida en que un intermediario de valores puede eximirse de responsabilidad por negligencia básica o comportamiento intencional probablemente esté limitada por otras leyes.

(33) Si en cualquier nivel los valores subyacentes son físicos, ¿cuál es la situación si son destruidos, por ejemplo, robados, quemados o destruidos por el agua?

Cuando un intermediario de valores obtuvo valores registrados para respaldar sus derechos sobre valores, si se destruye un certificado registrado, se puede obtener un reemplazo de conformidad con las reglas de 8-405, que pueden requerir la presentación de una fianza de indemnización o el cumplimiento de otros requisitos del emisor. En el raro caso en que un intermediario de valores haya obtenido un valor registrado y aún no lo haya vuelto a registrar a su propio nombre, los derechos de los titulares de derechos dependen de si el intermediario ejerció estándares comerciales razonables de cuidado. Si así fuera, los titulares de derechos no tienen mayores derechos contra el intermediario que los que éste tiene sobre los certificados. De no ser así, los titulares de los derechos podrán demandar al intermediario por daños y perjuicios.

II. Acciones corporativas/derechos de voto

(34) ¿Cuáles son los derechos del inversor y cómo operan en la práctica frente a (i) el emisor, (ii) el intermediario, (iii) el intermediario de nivel superior (a) en relación con el voto o recibir información sobre asambleas de accionistas y (b) en relación con acciones corporativas, por ejemplo, pagos de dividendos y cupones, y cualquier otra acción que afecte el precio o la estructura?

Ver respuesta a la pregunta 7.

(35) ¿Cómo se pueden ejercer estos derechos? ¿Quién tiene derecho a hacer valer derechos frente al emisor respecto de valores acreditados en una cuenta de valores? ¿En qué circunstancias se requiere que el intermediario traspase los beneficios al inversor? ¿Cómo se logra esto si hay una cuenta general o nominativa?

Ver respuesta a la pregunta 7.

(36) ¿Cómo se garantiza que únicamente quienes tienen ese derecho ejerzan o se beneficien de los derechos inherentes a los valores?

Ver respuesta a la pregunta 7.

(37) ¿Tiene el inversor derecho a ejercer un derecho de compensación, o compensación con respecto a los derechos del emisor respecto de valores con obligaciones que el inversor podría tener para con el emisor?

No.

Estas preguntas son de igual interés y pueden superponerse con las consultas realizadas por quienes en la Comisión se ocupan de cuestiones de derecho de sociedades y gobierno corporativo [esta nota a pie de página aparece en el texto original].

III. Elección de la ubicación/lugar de emisión de los valores

(38) ¿Existe alguna norma y, en caso afirmativo, qué efecto tiene al restringir la capacidad de un emisor de elegir la ubicación legal y/u operativa de sus valores a los efectos del proceso de emisión?

La jurisdicción del emisor no es relevante a los efectos de las normas del artículo 8 sobre el sistema de tenencia indirecta.

IV. *La dimensión transfronteriza*

Generalmente

(39) ¿Son los valores extranjeros, es decir, aquellos que (i) se rigen por una ley extranjera (ii) emitidos por una entidad extranjera, (iii) emitidos en una jurisdicción extranjera o (iv) emitidos en una moneda extranjera, tratados de manera diferente a nacionales y, en caso afirmativo, cómo (en lo que respecta al emisor, los intermediarios y los inversores)? ¿La respuesta depende del país extranjero con el que están relacionados los valores?

Para determinar los derechos y obligaciones de un intermediario de valores, de un titular de derechos que tenga una cuenta de valores en dicho intermediario y de terceros que reclamen derechos sobre los activos financieros abonados en esa cuenta de valores, la única jurisdicción pertinente es "la legislación local de la jurisdicción del intermediario de valores" 8- 110(b). La jurisdicción de un intermediario de valores es (la primera de la siguiente lista que se aplique): en primer lugar, la jurisdicción especificada a efectos de esta Sección concreta del artículo 8 como la jurisdicción del intermediario de valores en el acuerdo entre el intermediario de valores y el titular de los derechos; en segundo lugar, la jurisdicción especificada en el acuerdo entre el intermediario de valores y el titular de los derechos, como la ley que rige el acuerdo); en tercer lugar, la jurisdicción en la que se encuentra la oficina del intermediario de valores en la que se mantiene la cuenta, tal y como se especifica en el acuerdo entre el intermediario de valores y el titular de los derechos; en cuarto lugar, la jurisdicción en la que se encuentra la oficina del intermediario de valores identificada en el extracto de cuenta como la oficina que atiende la cuenta de los titulares de los derechos; y en quinto lugar, la jurisdicción en la que se encuentra la oficina ejecutiva principal del intermediario de valores. 8-110(e).

Específicamente
(40) ¿Existe alguna norma que defina específicamente el derecho de un inversor nacional a tener valores extranjeros acreditados en una cuenta nacional? En caso afirmativo, ¿cuál es la naturaleza del derecho otorgado y en qué se diferencia del derecho de los inversores a los valores nacionales?

Si la "cuenta nacional" es una cuenta de valores regida por un intermediario de valores en los Estados Unidos, entonces los derechos del inversor conforme al Artículo 8 no dependen de si el activo financiero en su cuenta de valores es un valor extranjero o un valor nacional; sus derechos e intereses según el artículo 8 son los mismos.

(41) ¿Difiere la protección de un inversor nacional en relación con la tenencia de valores extranjeros (i) con un intermediario nacional o (ii) con un intermediario extranjero, por ejemplo, en caso de insolvencia del intermediario?

La identidad del país extranjero es irrelevante, pero, dada la cascada descrita en la respuesta a la pregunta 39, un inversor que posea a través de un intermediario extranjero podría no ver determinados sus derechos en virtud del artículo 8 a menos que el contrato de cuenta tuviera la selección adecuada. En caso de insolvencia del intermediario, la "lex concursus" determinará los derechos de los inversores. En Estados Unidos, la ley de insolvencia pertinente diferirá en función del tipo de entidad (banco, corredor/agente) que actúe como intermediario.

(42) ¿Se trata a los intermediarios extranjeros (cuando (i) la sede, (ii) una sucursal o (iii) una oficina en una jurisdicción extranjera) de manera diferente que a los nacionales? ¿La respuesta depende de con qué país están relacionados los intermediarios extranjeros?

Un inversor que posea valores indirectamente a través de un intermediario de valores no tendrá derecho a las protecciones del Artículo 8, a menos que el acuerdo que rige la cuenta de valores identifique específicamente la jurisdicción como una jurisdicción del Artículo 8.

(43) ¿Cómo se logra la firmeza (en el sentido de las preguntas 20 y 21) en el caso de transacciones que involucran (i) intermediarios extranjeros o (ii) vínculos entre más de un intermediario? ¿La respuesta depende del tipo de intermediario o de valores?

La finalidad no se aborda en el artículo 8.

(44) ¿Necesitan los intermediarios extranjeros que poseen valores nacionales un estatus autorizado especial para transmitir derechos a sus inversores? ¿Cómo se reconoce a los intermediarios extranjeros al establecer un vínculo con intermediarios nacionales?

Esto no se aborda en el artículo 8.

(45) ¿Bajo qué normas pueden los inversores nacionales adquirir valores extranjeros?

Esto no se aborda en el artículo 8.

(46) ¿Bajo qué normas pueden los inversores nacionales utilizar intermediarios extranjeros?

Esto no se aborda en el artículo 8. Sin embargo, puede abordarse mediante la ley reglamentaria. Por ejemplo, la Comisión de Bolsa de Valores impone requisitos reglamentarios a las empresas de inversión (fondos mutuos) que utilizan intermediarios extranjeros como custodios de sus activos.

(47) ¿Existen restricciones reglamentarias o de otra índole que afecten a los inversores extranjeros que ejercen derechos de accionistas sobre valores nacionales o que impidan a los inversores nacionales ejercer derechos extranjeros?

Puede haberlas, pero tales restricciones no se encuentran en el artículo 8.

V. Derecho público y contexto regulatorio

(48) ¿Qué normas son aplicables a la existencia, establecimiento y funcionamiento de intermediarios (y, cuando sea pertinente, a la cooperación entre intermediarios concretos)?

El artículo 8 no contiene estas normas.

(49) ¿Quién tiene derecho a mantener cuentas de valores? ¿La tenencia o transferencia de valores por cuenta ajena requiere alguna licencia o cualquier otra autorización de una autoridad pública?

El artículo 8 no aborda estas cuestiones.

(50) ¿El acceso de los inversores a intermediarios en otro Estado miembro se ve afectado por su acceso al dinero del banco central y, en caso afirmativo, cómo?

N / A.

(51) ¿Un contrato de cuenta debe cumplir algún requisito en cuanto a forma o contenido?

No.

(52) ¿Existen requisitos de divulgación para el intermediario con respecto a los valores acreditados en cuentas de valores (en relación con (i) impuestos, (ii) derecho de sociedades, (iii) regulación de adquisiciones, (iv) lavado de dinero, (v) control de entidades reguladas? entidades o (nosotros) cualquier otro asunto). ¿Existe algún requisito para determinar y/o revelar detalles de los inversores finales (por ejemplo, propietarios beneficiarios) de los valores mantenidos en poder del intermediario?

El artículo 8 no impone requisitos de divulgación a los intermediarios.

(53) ¿Qué requisitos de almacenamiento de datos existen?

El artículo 8 no impone requisitos de almacenamiento de datos a los intermediarios.

(54) ¿Existen restricciones a las transferencias aplicables a los valores (por ejemplo, las transferencias están restringidas a determinados tipos de inversores o intermediarios, hay necesidad de notificaciones o certificaciones, la entrega puede realizarse sólo contra pago, existe una prohibición de transacciones extrabursátiles, transacciones, etc.)? ¿Cuál es el efecto del incumplimiento de tales restricciones?

El artículo 8 valida las restricciones de transferencia del emisor; Las leyes federales de valores contienen restricciones de transferencia, pero el alcance y las consecuencias de dichas restricciones están más allá del alcance de nuestro asesoramiento aquí.

(55) ¿Cómo se consigue que la propiedad de los valores, pase del vendedor al comprador, sólo en el momento en que se hace efectiva la transferencia del precio de compra del comprador al vendedor (entrega contra pago (DvP)? ¿Las reglas pertinentes están establecidas por un intermediario, por convenciones de mercado o impuestas por ley? ¿Está condicionada la eficacia del crédito a la cuenta de valores al pago del precio de compra?

Las normas DvP no forman parte del artículo 8 y, por lo general, no se imponen por ley, sino mediante normas del sistema de compensación y liquidación, convenciones de mercado y contratos. La cuestión de cuándo se transfiere el título o cuándo se debe realizar el pago se abordaría mediante el contrato entre el comprador y el vendedor o las reglas de intercambio.

(56) ¿Se exige que el intermediario tenga información sobre los inversores finales (por ejemplo, los beneficiarios reales) de los valores antes de tomar cualquier medida con respecto a dichos valores?

No.

(57) ¿Existe alguna protección penal específica en caso de fraude por parte del intermediario? ¿Existen otras normas específicas de derecho penal aplicables para proteger los intereses de los inversores contra apropiaciones u otras usurpaciones por parte del intermediario de los derechos de los inversores?

Sí, pero no en el Artículo 8. Dichas protecciones se encuentran en otras leyes, como las leyes y reglamentos de valores federales y estatales. Por ejemplo, la ley estatal puede incluir (como lo hace la ley del estado de Nueva York) un estatuto penal de rehipotecación, que convierte en delito que un intermediario de valores grave los valores de un cliente sin su consentimiento.

Marzo de 2005

Respuesta: marzo de 2006

Referencias

Todas las URL citadas enumeradas aquí funcionaban en junio de 2023 y los documentos recuperados contenían las citas contenidas en este libro. Además, todas las URL se guardaron en este momento o antes en **https://archive.is**. Si alguna URL deja de funcionar en el futuro, o si el documento recuperado no parece contener el texto citado aquí, pegue la URL en el formulario de búsqueda correspondiente en **https://archive.is**.

[1] M. Friedman and A. J. Schwartz: *A Monetary history of the United States, 1867-1960*. Princeton University Press, 1963. url: https://www.worldcat.org/title/697174371.

[2] Wikipedia: *Depository Trust & Clearing Corporation*. 0. url: https://en.wikipedia.org/wiki/Depository_Trust_%26_Clearing_Corporation.

[3] S. Dentzer and W. T. Dentzer: *The Greatest Father from a Great Generation*. 2019. url: https://susan-g-dentzer.medium.com/the-greatest-father-from-a-great-generation-f9ceb3758066.

[4] European Commission: *EC Mandate pertaining to clearing and settlement*. 2005. url: https://archive.org/details/ec-legal-certainty-project.

[5] European Commission: *The New York Federal Reserve's reply to the EU Clearing and Settlement Legal Certainty Group's questionnaire*. 2005. url: https://archive.org/details/ec-clearing-questionnaire.

[6] European Commission: *Sixth Meeting of the Member States Working Group/10th Discussion paper of the Services of the Directorate-General Internal market and Services*. 2012. url: https://archive.org/details/eu-commission-securities-10th-discussion-paper.

[7] Anonymous: *36. Convention of 5 July 2006 on the Law Applicable to Certain Rights in Respect of Securities held with an Intermediary*. 2006. url: https://www.hcch.net/en/instruments/conventions/full-text/?cid=72.

Referencias

[8] J. S. Rogers: *James S. Rogers' biography at Boston College*. 2023. Url: https://www.bc.edu/bc-web/schools/law/academics-faculty/faculty-directory/james-rogers.html.

[9] Financial Markets Law Committee: *Report on research into the 1994 revisions to Article 8 of the Uniform Commercial Code*. 2018. Url: https://fmlc.org/wp-content/uploads/2018/02/Issue-3-Background-paper-on-Article-8-of-the-Uniform-Commercial-Code.pdf.

[10] E. Guttmann: *Modern Securities Transfers*. Warren, Gorham & Lamont, 1987. Url: https://www.worldcat.org/title/15743736.

[11] European Commission: *Directive 2002/47/EC of the European parliament and of the Council of 6 June 2002 on financial collateral arrangements*. 2002. Url: http://data.europa.eu/eli/dir/2002/47/oj.

[12] D. Devos: *Euroclear Memorandum on preparatory Information Regarding European Legal Harmonisation*. 2004. Url: https://archive.org/details/euroclear-memorandum.

[13] European Union: *Regulation (EU) No 909/2014 of the European parliament and of the Council of 23 July 2014 on improving securities settlement in the European Union and on central securities depositories and amending Directives 98/26/EC and 2014/65/EU and Regulation (EU) No 236/2012*. 2014. Url: https://eur-lex.europa.eu/legal-content/EN/TXT/?uri=CELEX:32014R0909.

[14] European Securities and Markets Authority: *The Distributed Ledger Technology Applied to Securities Markets (Report)*. 2016. Url: https://www.esma.europa.eu/sites/default/files/library/dlt_report_-_esma50-1121423017-285.pdf.

[15] Skandinaviska Enskilda Banken AB: *CSDR – Legal disclosure*. 2023. Url: https://sebgroup.com/legal-and-regulatory-information/legal-notice/csdr.

[16] Euroclear Sweden: *General Terms and Conditions Account Operations and Clearing*. 0. Url: https://www.euroclear.com/dam/ESw/Legal/General%20Terms%20and%20Conditions%2020220202.pdf.

[17] Sveriges Riksdag: *Lag (1998:1479) om värdepapperscentraler och kontoföring av finansiella instrument [act on central security depositories and accounting for financial instruments]*. 1998. Url: https://www.riksdagen.se/sv/dokument-och-lagar/dokument/svensk-forfattningssamling/lag-19981479-om-vardepapperscentraler-och_sfs-1998-1479/.

[18] Bank for International Settlements: *Asset encumbrance, financial reform and the demand for collateral assets*. 2013. Url: https://www.bis.org/publ/cgfs49.pdf.

[19] Bank for International Settlements: *Developments in collateral management services*. 2014. Url: https://www.bis.org/cpmi/publ/d119.pdf.

Referencias

[20] N. F. Coco et al.: *The Effect of the new Bankruptcy Code on Safe Harbor Transactions*. 2005. Url: https://www.mondaq.com/unitedstates/commoditiesderivativesstock-exchanges/36408/the-effect-of-the-new-bankruptcy-code-on-safe-harbor-transactions.

[21] S. J. Lubbers: *The Bankruptcy Code Without Safe Harbors*. National Conference of Referees in Bankruptcy, Bangor, Me., 2010. Url: https://www.worldcat.org/title/649573636.

[22] Wachtell, Lipton, Rosen & Katz (attorneys): *Memorandum of Law in Support of Motion To Dismiss of Defendant JPMorgan Chase Bank, N.A.* 2010. Url: https://www.creditslips.org/files/lehman_brothers_holdings_inc.__14.pdf.

[23] United States Bankruptcy Court Southern District of New York: *Memorandum Decision Granting in part and Denying in part Motion to Dismiss by Defendant JPmorgan Chase Bank, N.A.* 2012. Url: https://www.nysb.uscourts.gov/sites/default/files/opinions/198038_134_opinion.pdf.

[24] Euroclear: *Regulating the risks of CCPs*. 2020. Url: https://www.euroclear.com/newsandinsights/en/Format/Articles/regulating-risks-of-ccps.html.

[25] Bank for International Settlements: *Central Counterparty Financial Resources for Recovery and Resolution*. 2022. Url: https://www.bis.org/publ/othp46.pdf.

[26] DTCC: *Collaborative Efforts Underway to Strengthen Risk Management Framework*. 2017. Url: https://www.dtcc.com/news/2017/november/20/collaborative-efforts-underway-to-strengthen-risk-management-framework.

[27] DTCC: *perspectives on CCP Risk Management*. 2017. Url: https://www.dtcc.com/news/2017/april/03/the-role-of-ccps-in-promoting-market-stability.

[28] DTCC: *Consolidated Financial Statements as of and for the Years Ended December 31, 2022 and 2021, and Independent Auditors' Report*. 2023. Url: https://www.dtcc.com/-/media/Files/Downloads/legal/financials/2023/DTCC-Annual-Financial-Statements-2022-and-2021.pdf.

[29] T. Flanagan: *DTCC Details Risk Management Approach*. 2015. Url: https://www.marketsmedia.com/dtcc-details-risk-management-approach/.

[30] F. Roosevelt: *proclamation 2039 Declaring A Bank Holiday*. 1933. Url: https://en.wikisource.org/wiki/Proclamation_2039.

[31] A. H. Meltzer: *A History of the Federal Reserve*. 2003. Url: https://www.worldcat.org/title/1022688407.

[32] Enyclopedia of Cleveland History: *Ameritrust*. 2023. Url: https://case.edu/ech/articles/a/ameritrust.

Referencias

[33] W. L. Silber: *Why Did FDR's Bank Holiday Succeed?* 2009. Url: https://www.newyorkfed.org/medialibrary/media/research/epr/09v15n1/0907silb.pdf.

[34] Wikipedia: *The Emergency Banking Act of 1933*. 2023. Url: https://en.wikipedia.org/wiki/Emergency_Banking_Act_of_1933.

[35] Wikipedia: *The Great Depression*. 2023. Url: https://en.wikipedia.org/wiki/Great_Depression.

[36] B. S. Bernanke: *Remarks by Governor Ben S. Bernanke on Milton Friedman's Ninetieth Birthday*. 2002. Url: https://www.federalreserve.gov/boarddocs/speeches/2002/20021108/.

[37] Anonymous: *Recession of 1937–38*. 2013. Url: https://www.federalreservehistory.org/essays/recession-of-1937-38.

[38] Wikipedia: *Executive Order 6102*. 2023. Url: https://en.wikipedia.org/wiki/Executive_Order_6102.

[39] D. A. Gross: *The U.S. Confiscated Half a Billion Dollars in private property During WWI*. 2014. Url: https://www.smithsonianmag.com/history/us-confiscated-half-billion-dollars-private-property-during-wwi-180952144/.

[40] F. D. Roosevelt: *Executive Order 6102, Forbidding the Hoarding of Gold Coin, Gold Bullion and Gold Certificates*. 1933. Url: https://www.presidency.ucsb.edu/documents/executive-order-6102-forbidding-the-hoarding-gold-coin-gold-bullion-and-gold-certificates.

[41] B. Ivry et al.: *BofA Said to Split Regulators Over Moving Merrill Contracts*. 2011. Url: https://www.bloomberg.com/news/articles/2011-10-18/bofa-said-to-split-regulators-over-moving-merrill-derivatives-to-bank-unit.

[42] A. Goodman: *Bank Of America Dumps $75 Trillion In Derivatives On U.S. Taxpayers With Federal Approval*. 2011. Url: https://seekingalpha.com/article/301260-bank-of-america-dumps-75-trillion-in-derivatives-on-u-s-taxpayers-with-federal-approval.

[43] Single Resolution Board: *A blueprint for the CMDI framework review*. 2021. Url: https://www.srb.europa.eu/system/files/media/document/2021-05-18_srb_views_on_cmdi_1.pdf.

[44] Single Resolution Board: *Solvent Wind-Down of Trading Books (Guidance for Banks, 2022)*. 2021. Url: https://www.srb.europa.eu/system/files/media/document/2021-12-01_Solvent-wind-down-guidance-for-banks.pdf.

[45] Single Resolution Board: *Work programme 2023*. 2022. Url: https://www.srb.europa.eu/system/files/media/document/2022.3702_Work%20Programme%202023_Final%20version_web_0.pdf.

Referencias

[46] Single Resolution Board: *principals of U.S., European Banking Union, and U.K. Financial Authorities Meet for Regular Coordination Exercise on Cross-Border Resolution planning.* 2022. url: https://www.srb.europa.eu/en/content/principals-us-european-banking-union-and-uk-financial-authorities-meet-regular-coordination.

[47] Atlantic Council: *Central Bank Digital Currency Tracker.* 2023. url: https://www.atlanticcouncil.org/cbdctracker/.

[48] International Monetary Fund: *Cross-Border payments—A Vision for the Future.* 2020. url: https://meetings.imf.org/en/2020/Annual/Schedule/2020/10/19/imf-cross-border-payments-a-vision-for-the-future.

[49] T. Nicholas and A. Scherbina: *Real Estate prices During the Roaring Twenties and the Great Depression.* 2009. url: https://www.fordham.edu/download/downloads/id/3461/2010_spring_2_annapdf.pdf.

[50] Online Etymology Dictionary: **ghabh-.* 2023. url: https://www.etymonline.com/search?q=ghabh.

[51] Online Etymology Dictionary: *debt (n.)* 2023. url: https://www.etymonline.com/word/debt.

[52] Wiktionary: *'habere' (Latin).* 2023. url: https://en.wiktionary.org/wiki/habere.

[53] E. L. Bernays: *propaganda.* Horace Liveright, NY, 1928. url: https://archive.org/details/bernays-edward-l.-propaganda-1928-1936_202107/.

[54] C. Hedges: *Empire of Illusion: the End of Literacy and the Triumph of Spectacle.* 2009. url: https://www.worldcat.org/title/301887642.

[55] D. Bell: *Amendments to WHO's International Health Regulations: An Annotated Guide.* 2023. url: https://brownstone.org/articles/amendments-who-ihr-annotated-guide/.

www.ingramcontent.com/pod-product-compliance
Lightning Source LLC
Chambersburg PA
CBHW020423220526
45464CB00002B/540